KB095805

비즈니스
스테로이드

BUSINESS STEROID

포리얼(김준영) 지음

비즈니스
스테로이드

9년간 무일푼으로 일했던 가난한 사업가가
단 1년 6개월 만에 경제적 자유를 얻은 비결

mindset

이 순간에도 자신만의 스토리를 만들어 가고 있는

이 땅의 기업가들에게 이 책을 바칩니다.

당신의 성장에
강력한 한 방이 필요할 때

여기 두 가지 질문이 있습니다. 당신은 어느 질문에 익숙한
사람입니까?

- 오늘은 어떤 고객이 상품을 구매하러 올까?
- 오늘은 과연 고객이 상품을 구매하러 오기는 할까?

항상 고객이 먼저 찾아와 상품을 구매 혹은 계약한다면,
당신은 첫 번째 질문으로 설레는 아침을 시작할 수 있을 것

입니다. 사업을 하는 사람이라면 누구나 이 첫 번째 질문으로 아침을 맞이하길 원하겠지요. 하지만 '과연 오늘은 나를 찾아오는 고객이 있을까?'라는 불안감을 떨치지 못한 채 사업을 하는 분들도 있습니다. 고객을 불러 모으는 방법을 정확히 알고 있지 못하기 때문입니다.

저에게도 두 번째 질문으로 아침을 시작하던 때가 있었습니다. 나름 기획해서 판매하는 서비스가 있었고 홍보 활동에도 박차를 가했지만, 매출이 발생하는 날과 그렇지 않은 날을 전혀 예측할 수가 없었습니다. 그 이유도 파악하지 못했습니다. 운이 좋아야 팔리는 건가, 하는 자조 섞인 말을 하며 버틸 뿐이었습니다.

지금 이 책을 읽는 당신이 이와 비슷한 상황이라면 구구절절 공감하겠지만, 이러한 '고객 확보의 불확실성'은 사업가에게 매우 큰 스트레스일 수밖에 없습니다. 소소한 매출로 먹고살 수는 있지만, 이마저도 언제 끝나버릴지 알 수가 없으니까요. 그래서 저는 진정으로 알고 싶었습니다. 제 상품을 구매해줄 고객을 도대체 어디로 가야 만날 수 있는지 말입니다.

심지어 저는 온라인 세상에서 나름 '인플루언서'였습니다. 그때 당시 제 유튜브 채널에는 10만 명이 넘는 구독자가 있었습니다. 그들에게 "사주세요!"라고만 외쳐도 기대 이상의 매출이 발생하지 않을까 하고 생각할 수도 있겠지만, 현실은 그렇게 호락호락하지 않은 법입니다. 새로운 서비스를 만들고 구독자에게 선보였지만, 반응은 예상보다 훨씬 저조했습니다. 기대하는 매출이 나오지 않자 스트레스는 커져만 갔습니다. 그때의 상황을 여기에서 세세히 이야기할 수는 없지만, 분명한 것은 '확실한 고객 확보'라는 문제를 인식하고 그 해결책을 세우는 일이 무엇보다 시급했었습니다.

돌이켜보면, 그때 저는 순전히 '내가 얻을 것'만 생각하며 사업을 하고 있었습니다. 물론 처음부터 그런 마음으로 시작하지는 않았습니다. 대개 이런 변화는 상황이 나빠지며 서서히 일어나기 마련이니까요. 저 역시 그랬습니다. 사업이 '회사와 고객 사이의 상호작용'이라는 사실을 어느 순간 까맣게 잊어버리고, 오로지 회사의 이익에만 혈안이 되어 있었습니다. (앞으로 이 책에서도 언급할) '매출이 저조한 95% 이상의 사업가들이 하는 바람직하지 않은 판매 방법'을 제가 그대로 따라 하고 있었던 것이니까요.

다행히 상황이 더 나빠지기 전, 저는 문제 해결의 필요성을 절실히 체감했습니다. 이 문제는 스스로 깨닫고, 공부하고, 적용하고, 적극적으로 실행하지 않으면 절대로 바뀌지 않습니다. 저는 대학에서 경영학을 전공하고 마케팅 관련 과목만 10개 가까이 수강하며 공부했지만, 실상 사업을 할 때는 그때 배운 것들이 전혀 힘을 발휘하지 못했습니다. 정말이지 실질적이고 실효성 있는 무언가가 간절히 필요했습니다.

저는 끊임없이 고객을 확보할 방법을 찾아다녔습니다. 상품을 구매할 진짜 '유효 고객'을 발견하는 여정을 무작정 시작했던 것입니다. 이 책은 그 여정에서 제가 배우고 효과를 입증한 것들, 특히 사업을 비약적으로 성장시키는 데 도움을 준 인사이트만을 담았습니다.

저는 당신이 이 책을 어쩌다 열어보게 되었는지는 알 수 없습니다. 그러나 지금부터 한 가지는 확실하게 약속드릴 수 있습니다. 마지막 장을 읽을 때쯤이면, 당신은 이 책을 발견한 것이 행운이었다고 믿게 될 겁니다. 현재 사업을 준비하는 분이라면 그렇게 느낄 것이고, 이미 사업을 하는 분이라면 더욱 운명처럼 와닿을 것입니다. 이 책은 당신에게 새로운 형태의 판매 방식을 제시하고, 최고의 성과를 낼 수 있는 마케팅 시스템을 구축하도록 도울 것입니다.

저를 비롯해 제가 운영하는 회사와 고객사, 그리고 제가 가르쳐온 수강생들은 실제로 이 책에서 '스테로이드'라고 일컫는 방법론을 '복용한' 후 엄청난 성장을 경험하고 있습니다. 비즈니스와 스테로이드라는 이 생소한 결합을 오늘 처음 접한 분이라면, 아직은 제가 하는 이야기에 큰 믿음이 없으실 수 있습니다. 괜찮습니다. 당신과 저의 생각이 다를 수 있지요. 그러나 생각의 다름이 이미 검증된 방식을 따르지 않아야 할 이유가 되지는 않습니다. 결과가 증명하는 방향을 따라 한 번 움직여 보시기 바랍니다.

《비즈니스 스테로이드》는 제가 그랬듯이 매출과 수익에 고민을 품은 사업가에게 도움이 되기를 바라는 마음으로 쓴 책입니다. 일에 지쳐 반쯤 포기 상태에 놓여 있다면, 이 책이 당신의 사업에 강력한 한 방이 되어줄 것입니다.

2022년 7월

김준영

| 차 례 |

PART 1

돈 없는 사업가, 성장 주사가 시급하다

PART 2

무보수로 기꺼이 퍼주어라

PART 3

사업 성장에 돈보다 중요한 것들이 있다

PART 4

비즈니스 스테로이드 1단계

PART 5

비즈니스 스테로이드 2단계

PART 6

비즈니스 스테로이드를 성공적으로 복용한 사례

BUSINESS STEROID

돈 없는 사업가, 성장 주사가 시급하다

CHAPTER 1

부작용 안내문:
이 책은 안전하지 않습니다

·
·
✷

이 책의 제목을 보고 피식 웃으신 분도 있고, '무슨 내용을 말하려고 하는 걸까?' 하고 의아해하는 분도 있으실 것입니다. 하지만 무엇보다 중요한 사실은 당신이 지금 이 책을 집어 펼쳐보았다는 것입니다. 이렇게 당신과 저의 접점이 만들어졌습니다. 이 책을 끝까지 읽게 된다면 당신은 저와의 접점을 발판 삼아 잠재 고객과의 새로운 접점을 만들고, 나아가 높은 가치의 고객을 확보하는 방법을 배우게 될 것입니다.

　이 책의 제목은 《비즈니스 스테로이드》입니다만, 제약업계의 비하인드 스토리나 스포츠 업계에 국한된 내용을 담고 있지 않습니다. 오직 제목 그대로 '비즈니스 성장'을 위한 '스테로이드 급' 처방을 제공하기 위해 쓰였습니다. 책에 담긴 지식은 당신의 사업이 초고속 성장 궤도에 무탈하게, 그리고 빠르게 올라탈 수 있도록 이끌 것입니다.

흔히 스테로이드는 각종 질병 치료에 유용한 약물로 문제가 되는 증상을 완화하고, 특히 염증을 억제하는 데 효과가 뛰어나다고 알려져 있습니다. 이 책에서 소개할 '비즈니스 스테로이드'도 마찬가지입니다. 현재 당신의 사업에 방해가 되는 요소들을 해결해줄 뿐 아니라, 고객과의 견고한 접점을 만들어 사업의 내실을 단단하게 만들어줄 것입니다. 더욱이 불법으로 유통되는 약물과 달리, 이 책의 내용은 합법적이며 당장 시도할 수 있는 것들입니다. 물론 이 스테로이드에도 부작용은 있습니다.

'스테로이드는 심각한 부작용을 초래할 수 있다'라는 말을 종종 들어보셨을 텐데, 비즈니스 스테로이드에도 두 얼굴이 있습니다. 당신과 더불어 회사는 빠른 성장을 이뤄낼 것이지만, 어쩌면 당신은 이전보다 더 치열하게 고심해야 하는 문제들과 직면할 수 있습니다. 그래서 저는 본격적인 내용을 소개하기에 앞서, 당신에게 부작용에 관한 주의사항을 먼저 안내하고자 합니다. 그 후에 비즈니스 스테로이드의 적용 여부를 스스로 판단하시길 바랍니다.

[주의사항]

* 책의 내용을 사업에 적용할 시 다음과 같은 부작용이 발생할 수 있습니다.

① 편안함이 사라집니다.

사업을 성장시키기 위해 고군분투해왔으나 그 어떤 경쟁사도 당신을 신경 쓰지 않는 상황이라면, 이제 그 안이한 '편안함'은 사라질 것입니다. 경쟁사에서 당신을 의식하기 시작할 것이고, 당신의 회사가 갑자기 성장한 비결이 무엇인지 캐내려고 할 것입니다.

② 감당하기 벅찰 만큼 고객이 늘어납니다.

모든 고객에게 당신의 상품 혹은 서비스를 제때 제공할

수 없어 대기 고객이 발생하는 사태가 벌어질 수 있습니다. 이를 대비하기 위해 인원 및 투자를 확충하는 등 조직의 규모를 키워야 하는 결정의 순간이 다가올 수 있습니다. 더욱이 이러한 고민이 깊어질 때는 다음 항목에서 언급할 주의사항도 동반됩니다.

③ 성장통을 겪게 됩니다.

사업의 규모가 커지면 기업을 운영하는 사업주의 사회적 책임이 늘어날 것입니다. 관리자 직급의 구성원 역시 능력 향상의 요구에 적극적으로 대응해야 할 것입니다. 만약 이에 따라 발생하는 성장통을 이겨내지 못할 경우, 회사의 급속한 발전은 오히려 당신과 구성원의 상황을 악화시킬 수 있습니다.

위의 부작용이 발생할 수 있음을 충분히 인지하였고, 그럼에도 이 책을 계속해서 읽고자 한다면, 이제 본격적인 내용으로 들어가겠습니다. 당신이 이 책을 통해 경쟁사보다 먼저 비즈니스 스테로이드의 정확한 사용법과 적합한 주입 시기를 숙지하시길 바랍니다.

CHAPTER 2

월급 200만 원 CEO,
어쩌다 약물에 손을 대게 되었나?

•
＊
✴

제가 처음 사업을 시작한 지 7년이라는 시간이 지났습니다. 대학생 창업팀으로 각종 대회를 전전하며 사업을 준비하던 기간까지 합치면 장장 9년의 세월이 흘렀습니다. 그런데 먼저 부끄러운 이야기부터 살짝 꺼내겠습니다. 저는 오랫동안 '돈 없는 창업가'로 살아왔습니다. 처음 사업을 시작했던 이유가 '돈을 많이 벌고 싶어서'였는데도 말입니다.

물론 이제껏 해온 사업들이 쫄딱 망하기만 한 것은 아닙니다. 저는 일본의 노인 돌봄 서비스에서 영감을 받아 요양센터 프랜차이즈 회사를 설립했었습니다. 고령사회가 본격적으로 열린 시대에 맞춰 치매 예방 프로그램을 접목한 돌봄서비스를 구상했었습니다. 이 사업을 추진할 당시에 저는 지배구조, 법인, 주식회사 등 기본적인 경영개념조차 정확하게 숙지하지 못한 상태였습니다. 호기롭게 작성한 사업계획서를 들고 투자를 덜컥 받아냈고, 생각보다 어렵지 않게 사업을 시작할 수 있었습니다. 그러나 이 사업은 초기 단계부터 잘못된 구조 위에서 출발하였습니다.

대표이사가 된 저와 창업을 함께한 동료 두 명은 각각 5%의 지분을 가졌습니다. 나머지 지분은 기존에 사업체를 운영 중이던 개인 투자자들이 주축이 되어 나눠 가졌는데, 이 지배구조가 결국 제가 회사를 떠나게 된 결정적 원인이 되었습니다. (5%의 지분을 가진 창업자라니요!) 그때는 대학생 신분으로 제가 기획한 아이디어가 창업으로 이어졌다는 사실만으로 들뜨고 마음이 벅차올랐습니다. '무식해서 용감하다'라는 표현이 딱 맞는 상황이었습니다.

첫 단추가 잘못 끼워진 채 출발했지만, 회사의 성장은 가팔랐고 외형적으로는 엄청난 성공을 이뤄낸 것처럼 보였습니다. 회사는 설립 1년 만에 전국에 30개의 요양센터 가맹점을 개설했고, 2년 차에는 가맹점이 50개 이상으로 늘어났습니다. 당시에는 청년들이 도전하지 않는 생소한 사업 영역에서 성과를 낸 것이었기에 꽤 많은 주목을 받았습니다. 크고 작은 상을 받았고, 언론 매체에 소개되기도 했습니다. 그렇게 저는 성공한 청년 CEO로 세상에 첫발을 내딛었습니다.

그러나 사업을 운영한다면 아시겠지만, 사업은 절대 만만한 것이 아닙니다. 단순하지도 않고요. 겉으로는 잘 굴러가는 기업도 내부를 들여다보면 그 속은 온통 해결해야 할 문제들로 곪아 있는 경우가 허다합니다. 이 회사도 다르지 않았습니다. 회사의 덩치가 커지는 만큼 적자의 폭도 날로 늘어갔습니다. 일정 규모 이상으로 성장할 때까지 적자를 면하기 어려운 수익 구조였기에, 지속적인 투자금 수혈이 필요했습니다. 하지만 지분 관계가 복잡한 회사를 믿고 선뜻 투자해줄 새로운 투자자를 찾기란 쉽지 않았습니다.

당시 저는 200만 원의 월급을 받는 월급쟁이 CEO였지만, 주인의식 하나로 사업을 확장하는 데 몸과 마음을 갈아 넣었습니다. 그야말로 '갈아 넣었다'라는 표현이 적절할 만큼 일했습니다. 주말, 공휴일, 명절이라고 할 것 없이 일했습니다. 회사를 키우는 것에 온 신경을 쏟고 있었기에, 고통스럽다고 불평할 겨를도 없었습니다.

그러나 계속해서 투자가 불발되고 적자도 늘어나면서 상황은 좋지 않은 방향으로 흘러갔습니다. 개인적인 역량으로 해결할 수 없는 지배구조 문제로 옴짝달싹 못 하는 신세가 된 것입니다. 애초에 많은 투자를 받고 설립된 회사였기에, 다수의 주주 사이에서 어떤 결정도 스스로 내리기 힘들었습니다. 하루하루 고통스러운 시간을 보내면서 도저히 회사를 운영할 수 없는 지경까지 이르렀습니다. 결국, 저는 공황장애를 겪고 나서야 생각을 달리하게 되었습니다. 이때가 바로 제 삶의 터닝포인트였습니다. 돈이 아닌 자유를 찾겠다는 다짐으로, 처음부터 다시 시작하기로 마음먹은 것입니다.

당시 통장 잔액은 20만 원이 전부였습니다. 빈털터리 상태로 대표 자리를 내려놓고 회사에서 나왔습니다. 약 5%의 회사 지분을 여전히 소유하고 있었지만, 수중에 현금이 없었습니다. 살고 있던 집의 월세 50만 원을 내기 위해서는 무엇이라도 해야 했습니다. 저는 무작정 소셜 미디어 채널을 열어 콘텐츠를 올리고, 생활비를 충당하기 위해 대리운전, 배달, 차량 탁송 아르바이트 등 닥치는 대로 일했습니다.

그랬던 삶이 지금으로부터 딱 2년 전을 기점으로 달라졌습니다. 금전적으로 여유로운 창업가의 삶으로 변하기 시작한 것입니다. 창업했던 회사에서 나오고 불과 1년 6개월이 지났을 때였습니다. 죽어라 일해도 항상 가난했던 저에게 대체 어떤 일이 일어났느냐고요? 새로운 사업 아이템이 일순간에 대박이 났거나 우연히 사둔 가상화폐가 크게 올라 한몫 챙기게 된 것이 아닙니다.

저는 유튜브 채널을 개설해 그간 창업하고 일하며 쌓은 경험을 지식 콘텐츠로 만들어 내놓았습니다. 책을 쓰고, 스타트업 창업에 관한 강의를 하고, 뒤이어 창업 컨설팅 서비스를 선보이기도 했습니다. 하지만 이러한 아이템 중 소위 '대박'이 난 것은 하나도 없었습니다. 소소하게 판매가 발생하며 빡빡한 생활에 숨통을 틀 정도는 되었으나, 성공적인 수익을 올렸다고 말하기에는 민망한 수준이었습니다.

수익을 늘리기 위해 계속해서 새로운 지식 서비스를 만들었고, 자잘한 신사업도 끊임없이 기획하고 도전했습니다. 그런데 번뜩이는 아이디어를 찾아 빠르게 사업으로 연결하는 일은 곧잘 했지만, 문제는 언제나 그 이후부터 발생했습니다. 나름 인플루언서라고 불릴 정도로 소셜 미디어 채널이 커졌

음에도, 막상 서비스를 선보이면 구매자가 되어주는 고객 수가 현저하게 적었던 것입니다.

저는 신규 고객 발굴과 잠재 고객의 관심을 구매로 전환하기 위한 해결책을 이리저리 찾아다녔습니다. 그리고 마침내, 이 책에서 소개할 '스테로이드' 처방법을 찾아 적용했고, 성공적인 수익 구조를 구축할 수 있었습니다. 다음은 비즈니스 스테로이드 방법을 통해 제가 이룬 지식 사업의 성과 일부입니다.

- 신규 교육 프로그램 판매 시작 1시간 동안 3천만 원의 순이익 발생
- 기존 교육 프로그램 재런칭 후 하루 판매 순이익 1억 원 달성
- 자동 판매 시스템 구축으로 월평균 1,200만 원의 자동 매출 달성
- 연 순이익 1억 원 규모의 사업이 1년 만에 연 순이익 5억 원 규모의 사업으로 '5배 성장'

위 성과를 언급한 이유는 제가 얼마나 단기간에 수익을 냈는지 말하기 위함이 아닙니다. 그동안 그토록 찾아도 보이

지 않았던 고객들이 어떻게 교육 프로그램의 런칭 시기를 알고 찾아왔는지, 어떻게 실제로 그 프로그램을 구매하기에 이르렀는지 그 과정을 설명하기 위함입니다. 그리고 그것이 바로 비즈니스 스테로이드 방식을 적용한 효과입니다.

저는 여태껏 시장에 내놓는 상품마다 별다른 반응이 없다 보니, 상품이 문제라는 생각에 갇혀 있었습니다. 사실 새로운 무언가를 만드는 건 힘들고, 정말 고통스러운 일입니다. 세상에 편하게, 절로 만들어지는 상품은 없습니다. 그럼에도 저는 멈추지 않고 계속 시도했습니다. 10번을 휘둘러 모두 헛스윙을 했다고 해도, 다시 100번, 1,000번을 휘둘러 단 몇 번의 안타와 단 한 번의 홈런을 만들겠다는 다짐으로 버텼습니다. 획기적인 무언가를 선보이기만 하면 고객을 충분히 끌어당길 수 있으리라 믿었습니다. 하지만 뒤늦게 깨닫게 되었습니다. 문제의 본질은 상품이 아니라, 마케팅과 세일즈에 달려 있다는 사실을 말입니다.

저는 처음 '요양센터 프랜차이즈 사업'을 추진하던 때를 떠올리며 마케팅과 세일즈를 다시 공부했고, '다이렉트 리스폰스 마케팅Direct Response Marketing(직접 반응 마케팅)' 기법에 주목하게 되었습니다. 이는 고객의 욕구를 자극하여 빠른 반응을 보이게 만드는 마케팅 전략입니다. 저는 수많은 관련 자료와 책, 해외 교육 프로그램을 접하며 고객의 행동을 유도하고, 사업에 실제로 적용할 수 있는 방법론을 익혔습니다. 그리고 저를 포함해 많은 사업가가 꽤 괜찮은 상품을 선보였음에도, 충분한 매출로 끌어내지 못한 원인을 크게 두 가지로 분석해 압축할 수 있었습니다.

바로 첫째는 '저조한 트래픽traffic 유입'이고, 둘째는 '낮은 전환율'입니다. 사업을 운영하기 위해서 이 두 가지는 늘 머릿속에 계산되어야 하는 것들이기에, 우선은 다음과 같이 분명하게 짚고 넘어가고자 합니다.

・ **트래픽**

영어로 풀이하면 '교통'이라는 뜻이지만 PC용어로는 전화나 인터넷으로 전송되는 데이터의 양을 의미합니다. '저조한 트래픽 유입'은 웹사이트, 웹페이지에 접속자가 낮다는 것을 말합니다.

・ **전환율**

웹사이트 방문자가 사이트의 의도에 맞춰 행동을 취하는

비율을 의미합니다. '낮은 전환율'이란 웹사이트, 웹페이지에 유입되는 잠재 고객 중 상품을 구매하는 고객의 비율이 낮다는 뜻입니다.

수많은 사업주가 트래픽이 부족하여 충분한 판매가 일어나지 않는다고 생각하지만, 실상은 전환율을 끌어올리지 못하는 문제가 더 심각합니다. 하루에 10명이 방문하더라도 전환율이 10%라면 1건의 판매가 일어난 것입니다. 하루에 100명이 방문하더라도 전환율이 1%밖에 되지 않는다면, 전자와 똑같이 1건의 판매만 일어났다는 얘기가 됩니다. 트래픽은 사실 자금이 충분하다면 해결할 수 있습니다. 그러나 전환율은 돈으로 해결할 수 있는 영역이 아닙니다. 마케팅 전략이 반드시 뒷받침되어야 합니다.

이 책에서는 전환율을 끌어올리는 방법을 중점적으로 다룰 예정입니다. 다만, 당신이 기존에 해오던 마케팅 방식과는 전혀 다르게 접근할 것입니다. 물론 트래픽 유입을 위한 설명도 빠트리지 않을 것입니다. 수없이 많은 헛스윙과 고민 끝에 알게 된, 사업을 비약적으로 성장시켜준 스테로이드 방법론을 차근차근 풀어보겠습니다.

저의 경우 이 스테로이드 방법론을 적용한 후 이전에 만들어 두었던 상품들이 빛을 발하기 시작했습니다. '성과도 나지 않는데 헛된 노력만 하는 건 아닐까?' 하는 생각에 괴롭기도 했지만, 그 모든 것이 새로운 마케팅 방법과 만나자 눈부신 성과가 되어 돌아왔습니다. 결국 여러분이 하는 노력은 언젠가 어떤 형태로든 반드시 보상으로 돌아오게 되어 있습니다. 지금 이 책을 읽는 당신의 노력도 마찬가지입니다. 이제껏 다양한 고생을 겪어오셨다면, 지금부터는 스테로이드를 복용하고 눈부신 성과를 낼 시간입니다.

CHAPTER 3

행동 촉구 안내문:
결정을 미루지 마세요

이제 새로운 지식을 습득할 준비가 끝났다는 당신에게 한 가지 더 당부의 말을 전하고자 합니다. 앞으로 당신은 비즈니스 스테로이드에 대해 아주 상세히 배울 것입니다. 고객이 당신에게 다가오게 만들려면 여러 단계를 착실히 쌓아야 하고, 이 책에서 그에 필요한 모든 전략과 지식을 익히게 될 것입니다.

하지만 이 모든 것을 알게 되어도 당신이 행동으로 옮기지 않으면, 그리고 새롭게 알게 된 지식을 사업에 적용하겠다는 결정을 내리지 않으면, 이 책은 무용지물입니다. 당신이 회사의 의사결정자라면 더욱 행동으로 보여줘야 합니다. 그렇기에 본 내용에 들어가기 전 다음의 '행동 촉구 안내문'을 읽고 각오를 다지시길 권합니다.

　고객이 늘지 않아 성장이 둔화했거나 마이너스 성장으로 고민이라면, 어떤 조처를 해야 할까요? 문제에 부닥친 기업의 경영자는 상황을 타개할 만한 '특단의 조치'를 취해야 합니다. 하지만 많은 기업의 결정권자들은 차일피일 결정을 미루는 모습을 보입니다. 물론 왜 그런 행동을 하는지 이해하지 못하는 건 아닙니다. 인간은 누구나 예측 불가한 위험을 회피하고 싶어 합니다. 혹시나 잘못된 결정을 내려 '가만히 있는 게 나을 뻔한' 결과를 낳을까 봐 두려운 겁니다. 당연합니다.
　사업을 하면서 신중하지 못한 결정으로 회사가 위기에 빠진 이야기를 종종 들어보셨을 겁니다. 이렇게 실수를 저지르지 않기 위해 '고심하는 자세'로 접근하는 방식이 잘못됐다고 지적하는 건 아닙니다. 하지만 경영진 대부분이 저지르는 가장 치명적인 실수는, 신중하게 고민한다는 핑계로 문제를 적극적으로 마주하지 않는다는 데 있습니다. 막상 수술대 위에서 상처를 도려내려고 하니 어디서부터 시작해야 할지 막막

하고, 앞으로 발생할 변화가 두려워 결정을 회피하는 것입니다. 그들은 또다시 이렇게 이야기할 겁니다.

"지금 당장 급한 일들이 많으니, 이 수술은 다음 달에 다시 논하도록 하지."

기업을 효과적으로 운영하기 위해 '기업 운영 체제Entrepreneurial Operating System, EOS'라는 독자적인 프로세스를 개발한 《트랙션Traction》의 저자 지노 위크먼Gino Wickman은 위 말에 아마 이렇게 답할 것입니다.

"무슨 결정을 내리는가 보다는 결정을 내리는 것 자체가 더 중요하네."

잘못된 결정을 내리는 것보다 '결정을 내리지 않아서 잃는 것이 더 많다'라는 뜻입니다. 사업 성공의 여부는 의사결정과 문제 해결 능력에 달려 있다고 해도 과언이 아닙니다. 해결되지 않은 문제를 안고 일을 해나가는 것은, 직원들의 에너지와 시간을 계속해서 갉아먹는 것과 같습니다. 그렇기에 결정권자는 문제의 원인을 최대한 빠르게 파악해 결단을 내려야 할 의무가 있습니다.

사실 이것은 개인의 삶에도 마찬가지로 적용해야 할 이야기입니다. 자신의 인생에서 해결해야 할 문제가 있다면, 결정을 미루지 않고 최선을 다하여 문제를 해결해야 합니다. 변화가 두려워 결단을 내리지 못하고 주저하는 동안, 문제는 더욱 심각해질 수 있습니다. 가만히 앉아 기다린다고 시간이 알아서 해결해주지 않습니다. 본인이 적극적으로 나서지 않으면 문제는 말끔히 해소되지 않습니다.

《레버리지Life Leverage》의 저자 롭 무어Rob Moore는 사람들이 문제 상황에서 취할 수 있는 행동을 세 가지로 나눌 수 있다고 이야기합니다. '좋은 결정', '나쁜 결정', '무결정'이 바로 그것입니다. 그의 말에 따르면, 사람들은 자신의 결정이 미래에 어떤 결과를 불러올지 모르기 때문에 무결정(혹은 결정 미루기)을 택하는 경우가 많다고 합니다. 그러나 그는 이처럼 결정을 미루거나 하지 않는 게 더 안전할 것이라는 생각은 완전한 '착각'이라고 일침을 가합니다.

많은 이들이 깨닫지 못하는데, 무결정도 하나의 결정입니다. 예측할 수 없는 위험을 피하고자 아무런 조치를 취하지 않는 경우, 아이러니하게도 더 최악의 미래를 마주하게 될지도 모릅니다. 롭 무어는 결정을 내리는 두려움 때문에 주저하면서 안도감을 느끼는 사이, 서서히 뜨거워지는 물의 온도를 인지하지 못하고 죽어가는 '냄비 속 개구리'가 될 수 있다고 경고합니다.

시스코 시스템즈Cisco Systems의 회장을 역임했던 존 체임버스John Chambers 역시 "큰 기업이 항상 작은 기업을 이기는 것은 아니지만, 빠른 기업은 항상 느린 기업을 이긴다"라고 말합니다. 당신이 지금 하는 사업에서 불만족스러운 부분이 있다면, 이 책을 통해 새롭게 알게 된 지식을 가능한 '빠르게' 적용해보시기 바랍니다. 신속하게 결정을 내리고 실행하는 것, 그리고 일단 문제를 해결하며 완벽에 가깝게 다가가는 것. 지금 당장 당신이 해야 할 일입니다.

BUSINESS STEROID

PART 2

무보수로
기꺼이 퍼주어라

CHAPTER 1

받기 전에
먼저 주세요

•
＊
✴

왜 '테이크 앤 기브take and give'가 아니라 '기브 앤 테이크give and take'일까요? 왜 '받고 주다'라는 말보다 '주고받다'라는 말이 입에 더 착 달라붙는 것일까요? 흔히 사용하는 이 관용어구를 살펴보면 '기브(주다)'가 '테이크(받다)'보다 앞선 순서로 배치돼 있습니다. '기브'가 이뤄졌을 때 '테이크'가 가능하다는 세상의 이치가 단어 순서에 고스란히 반영된 것입니다. 그렇지만 의심이 들 수 있습니다. "정이 넘치던 옛날에나 먹히는 이야기 아닌가요?" 하고 말이지요. 정말 기꺼이 주면 손해를 보지 않고 받을 수 있는 것일까요?

미국의 저명한 심리학 교수 로버트 치알디니Robert B. Cialdini 는 자신의 저서《설득의 심리학Influence: Science and Practice》에서 기꺼이 베풀었을 때give 쉽게 얻어올 수take 있는 이유를 '호 혜성의 법칙The law of reciprocity'<u>으</u>로 설명합니다. 호혜성의 법칙 에 따르면, 인간은 누군가로부터 예상치 못한 호의를 받으면 그에 상응하는 무언가를 갚고자 하는 '빚진 감정'을 느낀다 고 합니다. '채무감' 혹은 '미안함'이라고 말할 수 있는 이 감 정이 상대방에게 합당한 대가를 되돌려주어야 한다는 동기 로, 또 압박감으로 작용한다는 것입니다.

크리스마스 아침, 문을 열고 집을 나서는데 옆집 이웃이 당신을 위해 준비했다며 선물을 건넸다고 가정해봅시다. 일 반적으로 이런 상황을 맞닥뜨리게 되면 당신은 이웃이 건넨 선물을 마냥 유쾌하게 받기만 하지는 않을 것입니다. 뒤이어 다음과 같은 생각을 할 가능성이 큽니다. '나는 미처 선물을 준비하지 못했는데 어떡하지? 다음에 나도 무언가를 준비해 야 할까?' 당신의 생일날, 평소 인사만 하던 직장 동료로부터 기프티콘을 받게 되어도 마찬가지입니다. 당신은 상대가 먼 저 베푼 호의에 상응하는 보답을 하려고 할 겁니다.

사람들은 무언가를 의도치 않게 무상으로 얻었을 때 고마움을 느끼는 동시에 빚진 감정을 떠안게 되고, 그것을 어떤 식으로든 갚으려 합니다. 다음에 무언가로 보답해야 할 의무감을 느끼는 것입니다. 이를 달리 말하면, 당신이 상대에게 빚진 감정을 느낄 때는 상대가 어떤 부탁을 하더라도 그것을 쉽게 거절하지 못할 것이라는 얘기입니다. 번거롭고 무리한 부탁이더라도 이전과 달리 신중하게 검토해볼 것입니다.

그렇기에 '호혜성의 법칙'을 활용하려고 할 때는 상대가 '빚진 감정'을 갖도록 유도하는 전략 자체가 중요합니다. 모든 인간은 빚진 감정을 불쾌하게 느끼고 심리적 부담을 갖기 때문에, 가능한 그 감정에서 빠르게 벗어나기 위한 행동을 취하니 말입니다.

로버트 치알디니는 협상에서 이러한 빚진 감정을 이용하는 방법을 제시합니다. 가격 협상을 유리하게 하고 싶다면, 일부러 상대방이 받아들이기 어려울 만한 금액을 먼저 제안하는 것입니다. 중요한 협상 상황에서 일부러 거절당할 높은 금액을 부르라니, 이게 무슨 이야기일까요?

우선 선뜻 받아들이기에 무리가 있는 높은 금액을 제시했을 때 상대방이 거절할 가능성은 당연히 큽니다. 하지만 그렇게 당신의 부탁을 거절한 상대는 미안한 마음을 갖게 될 겁니다. 앞서 언급했듯 이때 생기는 '미안한 감정'은 언젠가는 갚아야 할 빚진 마음으로 인식되어, 얼른 해소하고 싶은 감정으로 자리 잡습니다. 때문에 '이렇게 거절해서 괜히 미안하네. 다음 부탁은 크게 무리하지 않는 선이라면 들어줘야겠다'라고 생각하게 됩니다. 즉, 협상 상대가 미안한 마음을 갖게 만들면, 도리어 당신이 협상에서 유리한 위치를 선점할 확률이 높아진다는 것입니다.

요점은 상대방에게 고마운 마음을 심어주든 미안한 마음을 심어주든, 어쨌든 다음에는 자기가 베풀어야 할 차례라고 인식하게 만드는 것이 무엇보다도 중요하다는 얘기입니다.

사업을 할 때도 마찬가지입니다. 기업이 잠재 고객에게 미안한 마음 혹은 고마운 마음을 갖도록 만들 수 있다면, 어떤 일이 생길까요? 이익은 자연스레 따라오게 되어 있습니다. 가령 상품의 샘플을 미리 받아 사용해본 고객은 다음에도 해당 상품을 구매할 가능성이 조금 더 크지 않을까요? 혹은 처음 구매하는 상품에 대해 필요한 정보를 친절히 알려준 업체가 있다면, 다음에도 그곳에서 구매하려고 하지 않을까요? 돈을 내지 않은 잠재 고객에게 기꺼이 먼저 도움을 주고 가치를 전달하고자 고민하는 기업은 고객이 늘어나고 매출이 향상되기 마련입니다.

이러한 측면에서, 이 책이 제시하는 비즈니스 성장법은 회사와 고객 간의 호혜성에 뿌리를 두고 있다고 볼 수 있습니다. 어떤 고객에게 어떤 가치를 전달하느냐에 따라 창출되는 수익이 달라진다는 것인데, 다음 글에서 '가치 기반 마케팅' 기법과 함께 좀 더 자세히 이야기해보겠습니다.

CHAPTER 2

어느 순간 잊힌
1940년대의 혁신

'가치 기반 마케팅'의 본질은 기업이 고객에게 '필요한 존재'가 되는 데 있습니다. 판매자와 구매자라는 기업과 고객 사이의 포지션을 완전히 바꾸기 위한 마케팅 전략이라고 할 수 있습니다. 기본적으로 인간은 이기적입니다. 고객 또한 인간이기에 이기적인 존재라고 생각하는 편이 좋습니다. 고객은 언제나 자신에게 도움이 되는 정보를 찾으려 하고, 그것이 무상으로 지급되는 것이라면 더할 나위 없이 만족스러워하며 도움을 청할 것입니다.

그런데 지금 당신의 경쟁사 대부분은 자기중심적 소리만 늘어놓고 있을 것입니다. 그들의 광고를 자세히 들여다보길 바랍니다. "저희는 이런 점에서 훌륭합니다" 혹은 "이 가격에 이 품질을 보장합니다!" 같은 말을 이구동성으로 외칠 겁니다. 물론 잠재 고객에게 해당 제품을 만든 회사가 얼마나 뛰어난지 어필하는 것은 중요합니다. 그러나 방법이 달라져야 합니다. '얼마나 훌륭한 회사인지 본인들 말로만 강조하는 행위'는 고객들이 보기에 믿기 힘든 '자기 잘난 소리'에 불과합니다. 당신의 회사가 진정으로 유능한 기업임을 보여줄 수 있는 가장 쉬운 방법은 고객을 '도와주는' 것입니다.

　'고객을 도와주는 것.' 제가 지금 아주 중요한 이야기를 했습니다. 가치가 높은 고객을 끌어당기는 핵심은 여기에 있습니다. 기업이 가진 정보를 활용해 잠재 고객을 '도와주는 포지션'을 취하라는 것입니다. 너무도 당연한 이야기라고요? 맞습니다. 앞서 언급한 호혜성의 법칙을 떠올려보세요. 먼저 도움을 제공해 고객이 당신에게 호의를 갖도록, 당신의 제안을 단칼에 거절하지 못하도록 만드는 데 주력해야 한다는 얘기입니다.

　당신의 경쟁자 누구도 이런 식의 접근을 택하고 있지 않습니다. 오로지 자신들의 이야기만 들어달라고 애원할 뿐 고객에게 가치를 전하지도, 그들이 진짜 원하는 것에 관심을 두고 있지도 않습니다. 자신들이 왜 우수한가를 증명하는 것만으로는 고객을 끌어당기는 데 한계가 있습니다.

제가 이 책을 통해 알려드리고자 하는 '가치 기반 마케팅'의 전략은 결코 특별한 방법이 아닙니다. 이미 1940년대 미국에서 기업들이 사용했던 방식입니다. 1948년, 월스트리트의 한 회사에서 일어난 마법 같은 이야기를 들려드리겠습니다. 이 사건은 해당 회사가 글로벌 기업으로 성장하는 데 결정적인 기여를 했습니다.

당시에도 지금처럼 기업들은 신문 광고를 통해 '본인들이 왜 훌륭한지'만을 어필하기 바빴습니다. 하지만 루이 엥겔Louis Engel이라는 이 작은 회사의 광고 매니저는 생각이 달랐습니다. 그는 상사에게 이런 제안을 했습니다.

"다른 회사처럼 우리가 왜 뛰어난지를 말하지 말고, 고객들이 써먹을 수 있는 유용한 정보를 담은 광고를 내보는 게 어떨까요? 주식과 채권에 대해 모르는 사람들이 많으니, 그 개념 자체를 공부할 수 있게 쓸 만한 정보를 주는 겁니다!"

당연히 이 아이디어를 들은 상사는 단칼에 거절했습니다.

"그게 무슨 말 같지도 않은 소린가? 그냥 무난한 광고를 만들어서 싣게!" 그러나 엥겔은 포기하지 않았습니다. 그는 광고 매니저가 되기 전, 신문사에서 일하고 잡지에 글을 기고하는 기자였습니다. 회사에 합류하기 전에는 자신 역시 주식과 채권에 대해 거의 아는 것이 없었기에, 광고를 보는 독자 대부분이 비슷한 상황일 거라 짐작했습니다. 실제로 지역 신문을 받아보는 사람들을 만나서 이야기를 나눠본 엥겔은 자신의 그러한 생각에 확신을 하게 되었습니다.

그럼에도 불구하고 그의 직속 상사였던 조지 하이슬롭 George Hyslop은 이 광고에 부정적이었습니다. 엥겔은 광고 작업에 있어서 모든 세부 사항을 진행하기 위해 하이슬롭의 확인을 받아야 했고, 그렇기에 그를 설득해야만 했습니다. 결국 엥겔은 성과가 없다면 자신이 옷을 벗겠다는 조건으로 시험 삼아 이 광고를 게재하기로 허락을 받아냈습니다.

그렇게 1948년, 약 6,450개의 단어로 이루어진 역사적인 광고가 작은 지역 신문을 통해 공개되었습니다. 주식이 무엇인지, 왜 사야 하는지, 언제 팔고 언제 사야 하는지 등 17개의 질문을 통해 투자의 기본적인 개념과 정보를 설명하는 광고성 기사가 신문 한 면 전체를 가득 채웠습니다.

엥겔의 직장 동료들은 이 광고가 사람들의 반응을 얻지 못하고 묻힐 것이라 여겼습니다. 광고 예산을 낭비한 것이라고 손가락질하는 이도 있었습니다. 얼마나 많은 사람이 이 긴 광고를, 빼곡한 글자들을 전부 읽으려고 할까? 오히려 경쟁사에도 도움이 될 것 같은 본질적이고 일반적인 정보를 게재하는 게 과연 의미가 있을까? 하고 말입니다. 회사도 의심의 눈초리로 엥겔의 광고를 지켜보았습니다.

더욱이 이 광고에는 다른 광고와 달리 한 가지 더 주목해야 할 부분이 있었습니다. 더 많은 정보를 원하는 독자가 있다면, 광고지를 오려 이름과 연락처 등을 적은 후 회사에 우편으로 보내도록 요구한 것입니다. 이는 리스폰스 마케팅의 핵심으로 고객의 반응을 확인하고, 궁극적으로 광고비의 효율을 측정하기 위한 작업이기도 합니다.

광고지를 오리고 이름과 연락처를 써서 우편으로 보내라는 번거로운 작업까지 요구한 6,450개의 단어로 이루어진 광고. 당신은 어떻게 생각하십니까?

결과적으로 회사는 이 광고를 통해 한 주 동안 5,000명 이상의 고객들로부터 연락처를 받아냈습니다. 우편함은 마비되었고, 모든 직원은 고객 연락처를 정리하느라 정신없는 시간을 보내야 했습니다. 회사는 이 광고가 특별하다는 것을 직감적으로 알아챘고, 과감하게 엥겔을 밀어주기 시작했습니다.

마침내 1948년 10월 19일, 이 광고는 〈뉴욕 타임스New York Times〉에도 게재되었습니다. 그리고 3백만 명 이상의 고객 연락처를 받아낸 광고라는 어마어마한 타이틀을 거머쥐게 되었습니다. '미국 역사상 가장 영향력 있는 100개의 광고' 목록에도 자주 등장하는 그야말로 '대박' 광고가 되었습니다.

이 광고는 비교적 작은 규모에 속했던 월스트리트의 한 투자회사를 훗날 세계에서 가장 큰 투자회사 중 하나로 만들었습니다. 바로 금융 투자회사 메릴린치Merrill Lynch의 이야기입니다. 비록 서브프라임 모기지 사태로 큰 손실을 보고 2008년 9월 뱅크오브아메리카Bank of America, BOA에 매각되었지만, 1914년에 설립된 후 작은 규모로 운영되던 투자회사를 세계적인 규모로 키우는 데 기여한 1948년의 역사적 마케팅은, 아직도 전 세계 마케터에게 귀감으로 남아 있습니다.

지금 여러분 회사의 마케팅은 어떤가요? 고객에게 먼저 가치를 베풀고 있다고 자신할 수 있으신가요? 회사의 마케터들이 가지고 있는 마케팅에 대한 자세와 철학은 그 회사의

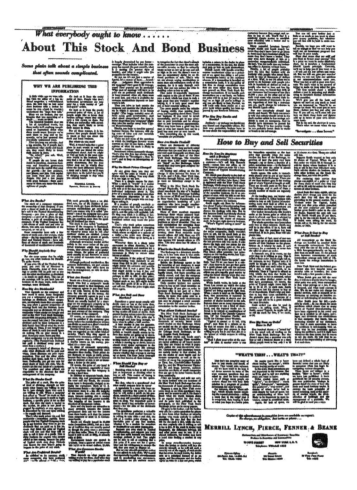

| 1948년 10월 19일 자 메릴린치 광고로, 제목은 '주식과 채권 사업에 대해 모두가 알아야 할 것(What everybody ought to know About This Stock and Bond Business)'이다.

경영자가 가지고 있는 가치관에서 시작되고 자라납니다. 오늘날, 진정으로 고객에게 가치를 주고 도움을 주고자 하는 경영자는 드뭅니다. '어떻게 하면 상품을 그럴듯하게 포장하여 고객의 지갑을 열게 할까?' 하는 생각으로만 가득 찬 경영자 아래, 루이 엥겔 같은 마케터가 탄생하기는 쉽지 않습니다. 이제 다시 1940년대의 사례에서 마케팅의 본질을 배워야 할 때입니다.

아마 여러분 중에 "이 사례를 보니 저희는, 고객이 원하는 것이 아닌 저희가 원하는 것을 끊임없이 어필하고 있었네요"라고 말하는 분이 있을지도 모르겠습니다. 그렇다면 오늘부터라도 마케팅의 방향을 바꾸십시오. 어떻게 고객에게 먼저 도움을 줄 수 있는가를 고민해보시길 바랍니다.

CHAPTER 3

옷 만드는 남자에게 배운 마케팅의 본질

·
✲
✸

"준영 님, 잘 알겠습니다. 그런데 앞서 강조했다시피 인간은 이기적인 존재가 아닙니까? 너무 아름다운 면만 보려는 것 같습니다. 받기만 하고 구매하지 않는 배은망덕한 사람들은 어떻게 하죠? 저는 기업을 경영하려는 것이지 사회공헌 활동을 하려는 게 아닙니다."

지금까지의 글을 읽으신 뒤 충분히 이와 같은 생각을 하실 수 있기에, 한 가지 이야기를 더 들려드리고자 합니다. 이야기의 시작은 10여 년 전으로 거슬러 올라갑니다. 당시 대학생이었던 저는 '예술과 창의성'에 관한 교양 수업을 듣게 되었습니다. 정원 60명의 그리 크지 않은 규모의 수업이었습니다. 하루는 맞춤 정장 전문 테일러샵의 대표가 방문하여 스타일링에 관한 특강을 한 적이 있었습니다.

주제는 '남성 패션 스타일링'이었습니다. 테일러샵 대표는 셔츠와 바지를 매치하는 법, 그에 어울리는 액세서리를 고르는 법을 위주로 강연을 진행했습니다. 물론 '정장은 어떻게 입는가?' 등 자신의 전문 분야도 간간이 다루기는 했습니다. 하지만 20대 초반 대학생들이 관심 가질 만한 정보들을 중점적으로 이야기한 덕분에 학생들의 열띤 호응을 받을 수 있었습니다.

지금 돌이켜보면 특강이 인상 깊었던 또 하나의 이유는, 대표 본인이 젊은 나이에 테일러샵을 열게 된 자신만의 '스토리'를 가감 없이 소개하며 공감을 자아냈다는 점입니다. 키가 작고 스타일도 좋지 않아 인기가 없었던 그는 자신의 콤플렉스를 극복하기 위해 패션 스타일링을 공부했다고 했습니다. 그리고 각고의 노력 끝에 테일러샵을 창업하게 된 것인데, 그는 강의실에 있는 학생들이 좋은 스타일을 통해 호감 가는 이미지를 가질 수 있도록 진심으로 도와주려는 모습을 보였습니다.

모두 아시다시피 맞춤 정장은 고가의 상품입니다. 예복이 아니더라도, 테일러샵에서 정장 한 벌을 맞추려면 기본적으로 100만 원 이상의 비용을 들여야 할 겁니다. 당시 강의실에 있던 학생 중 절반 이상은 여학생이었고, 남학생 중에서도 당장 맞춤 정장을 구매할 이유나 경제적 여력이 있는 사람은 없어 보였습니다. 다시 말해, 그곳에서 당장 테일러샵의 제품을 구매할 가능성이 있는 고객은 거의 없었다는 얘기입니다.

그렇다면 테일러샵 대표는 사업과는 무관한 사회공헌 활동을 펼쳤던 것일까요? 결코 그렇지 않습니다. 그 강연 이후 저는 근 10년간 누군가 정장을 맞출 만한 곳이 있냐고 물어오면 언제나 그 테일러샵을 소개해왔습니다. 실제로 저의 고등학교 동창은 그곳에서 결혼 예복을 맞췄습니다. 해당 수업을 함께 들었던 친구도 그랬고요. 강연이 끝나고 수년이 흐르자 비로소 학생들이 진짜 고객으로 찾아온 것입니다.

특히 저는 당시에 강연에서 배운 내용을 지금도 기억하고 있습니다. 기성복을 살 때 해당 브랜드 의류가 내 체형과 잘 맞는지 아닌지를 따져보는 법과 주의해야 할 점들은 아직도 늘 써먹는 지식입니다. 그렇다 보니 쇼핑할 때마다 그 테일러샵 대표가 떠오릅니다. 아마 조만간 정장을 맞출 일이 생긴다면, 저는 분명 그 테일러샵으로 갈 것입니다. 참고로 그 테일러샵은 여전히 소비자 안목에 잘 부합하는, 고가의 의류점으로 포지셔닝을 유지하고 있습니다.

아마 여기까지 읽으셨다면, 제가 하고 싶은 말이 무엇인지 대략 눈치채셨을 것입니다. 이 책을 통해 여러분이 배우게 될 마케팅 방법론은 잠재 고객 생성부터 최종 판매까지 많은 가치를 제공하여, 고가의 구매 결정도 쉽게 내릴 수 있는 고객을 만드는 기법입니다. 다만 높은 전환율을 만듦과 동시에 다수의 비구매자도 생길 겁니다. 하지만 과연 그 모든 행동이 매출에는 의미 없는 활동일까요? 그렇지 않습니다.

여러분에게 도움을 받은 100명의 잠재 고객 중 실구매자가 한두 명밖에 없다고 가정해봅시다. 당연히 무료로 필요한 도움만 쏙 뽑아가는 비구매자가 때로는 얄밉게 느껴질 수 있습니다. "배은망덕한 인간", "체리피커(얌체 고객) 같은 야비한 사람"이라며 과격하게 분노하실지도 모르겠습니다. 여러분의 속이 좁아서가 아닙니다. 우리는 본래 장기적인 관점으로 무언가를 바라보고 생각하는 것에 익숙지 않습니다. 이건 당연한 반응입니다.

그러나 비구매자 98명 중에는 미래의 고객이 분명 있습니다. 앞으로 계속해서 제품에 대한 입소문을 낼 이들도 분명 있습니다. 모든 일이 그렇듯 사업 역시 장기전입니다. 잠재 고객에게 지금 당장 가치를 전한다고 해서 그들이 무조건 '당장' 구매하는 것은 아니라는 이야기입니다. 다만 이러한 상황 속에서 여러분이 해야 하는 일은 명확합니다.

최적의 고객 전환율을 만들기 위한 거래 제안을 잘 구성했는지, 마케팅 과정에서 빠진 부분이나 스스로 부족했던 역량은 없었는지 등 회사의 전략 구조를 다시 살피고 개선하며 계속해서 나아가면 그만입니다.

반드시 본질에 집중해야 합니다. 고객에게 얼마나 좋은 '가치'를 제공했는가 하는 여부에 집중해야 합니다. '당장 구매'가 일어나지 않아도, 잠재 고객을 탓하지 마세요. 잠재 고객이 잇속만 챙긴다고요? 돈을 쓸 줄 모른다고요? 아닙니다. 실질적으로 그들의 문제를 해결할 수 있도록 도왔다면, 그들은 나중에라도 당신의 고객이 되거나 당신을 계속해서 홍보해줄 것입니다. 제가 10여 년 전 우연히 딱 한 번 강의실에서 만난 '옷 만드는 남자'를 아직도 잊지 못하고 홍보하고 있는 것처럼 말입니다.

BUSINESS
STEROID

PART 3

사업 성장에 돈보다 중요한 것들이 있다

✳

"저는 오로지 돈 때문에 사업을 합니다."

이 책을 읽고 있는 독자 중에서 이렇게 대답할 분들이 얼마나 있을지 모르겠습니다. 그런데 저는 '돈을 많이 벌기 위해', '부자가 되기 위해' 사업하는 것이 전혀 나쁘다고 생각하지 않습니다. 그래서 '돈보다 중요한 것들이 있다'라는 내용을 주제로 책의 한 장을 구성하는 것이 잘한 것인지에 대해서는 아직도 약간의 우려가 남아 있습니다. 당장의 현실이 버겁고 돈이 필요해 사업을 하고 있다면, 제가 지금부터 전하고자 하는 이야기가 와닿지 않을 수 있으니까요.

저 역시 처음 사업을 시작했던 동기는 '돈'이었습니다. 모든 의사결정의 한가운데에 돈을 놓고 판단하던 때가 있었습니다. 돈에 치우친 의사결정을 하다 보면 근시안적인 판단에 빠지기 쉽습니다. 지금 돌이켜보면 현명한 의사결정을 내리지 못할 때는 항상 돈이 우선시되었기 때문이었습니다. 이렇게 몇 차례의 실패를 겪으며 배우게 된 교훈이 하나 있습니다. '순간의 금전적 손실을 회피하는 데에만 집중하는 것은 위기를 극복하는 데 큰 도움이 되지 않는다'는 것입니다.

저는 사업을 하면서 먼저 성공의 길을 걸어간 몇 분의 멘토들을 만나 왔습니다. 그들로부터 영향을 받으며, 제 나름대로 소비 패턴과 의사결정 방식을 꾸준하게 바꿔왔습니다. 한 가지 확실한 변화도 맛보았습니다. 돈을 중심에 둔 의사결정을 내려놓자 전에는 그토록 갈망해도 손에 들어오지 않던 돈이 비로소 벌리기 시작한 것입니다. 이 값진 교훈은 제가 평생 지니고 살아갈 저의 가치관이 되었기에, 여러분과 꼭 나눌 필요가 있다고 생각했습니다.

억만장자가 되고 싶다면 억만장자처럼 생각하는 훈련을 해야 합니다. 여기서 뜻하는 억만장자는 '자수성가 억만장자'를 뜻합니다. 저와 여러분처럼 많은 것을 가지고 시작할 수 없었던 사람들 말입니다. 스스로 진짜 돈을 벌어본 사람들이 어떤 기준으로 돈을 쓰는지 알게 된다면, 우리도 그들과 같은 길을 갈 확률이 높아질 것입니다. 저는 멘토들에게서 그들이 무엇에 중점을 두고 살아가는지도 배울 수 있었습니다. 이것을 깨닫고 나자 성공한 사람들의 책에서 공통된 생각을 어렴풋이 엿볼 수 있었습니다.

세상에는 다양한 형태의 자산이 있지만, 억만장자들이 가장 가치 있게 여기는 자산은 지금부터 설명할 세 가지로 정리될 수 있습니다. 이 세 가지는 여러분이 앞으로 사업하실 때, 현명한 기준이 되어줄 것입니다. 꼭 집중해서 읽어주시길 바랍니다.

CHAPTER 1

신용과 평판 :
미래를 보장하는 확실한 '자산'

여기 중요한 미팅 날 아침이 밝았습니다. 늦잠을 잔 A는 부랴부랴 준비해 집을 나섰습니다. 그런데 다음과 같은 선택의 기로에 서게 되었습니다.

1. 택시를 타면 안정적으로 약속 시간 안에 도착할 수 있다.
2. 버스를 타면 시간에 맞춰 도착할 수 있다. 하지만 길을 우회해서 가기 때문에 신호에 잘못 걸리면 지각할 확률이 있다.

이러한 상황에서 A는 지난달 여행비로 쓴 카드 할부가 남아 있다는 사실을 떠올리며, 도착 시간을 운에 맡기기로 합니다. 하지만 버스를 탄 A는 운이 나쁘게도 지각하게 되었고, 결국 중요한 미팅 자리에서 좋지 않은 인상을 남기고야 말았습니다. A는 이날 택시비를 아꼈지만 '지각하는 사람'으로 낙인이 찍혀 당분간 회사에서 중요한 프로젝트를 진행할 때 업무를 맡기 어렵게 되었습니다. 작은 것을 아끼려다 오히려 좋은 기회를 놓치게 된 겁니다.

기업 중에도 고객에게 쓰는 비용을 아까워하며 장기적으로 브랜드 평판을 깎아내리는 행동을 선택하는 경우가 더러 있습니다. 고객이 요청한 환불 비용이 아까워 이리저리 핑계를 대거나, 일부러 복잡한 절차를 만들어 고객으로부터 신뢰를 잃어버리는 기업 사례가 대표적입니다.

돈이란 좋은 평판에 반응하고, 높은 신용을 가진 사람을 따르는 속성을 가지고 있습니다. 당신이 주변 지인들로부터 평판과 신용을 잘 쌓아왔다면, 돈이야 언제든 만들 수 있습니다. 기업도 마찬가지입니다. 좋은 평판과 브랜드 이미지를 쌓아온 기업은 큰 규모의 투자도 비교적 수월하게 받는 모습을 볼 수 있습니다. 2008년 금융위기 이후, 경기 부양을 위해 양적 완화를 실시하면서 시중에 막대한 양의 돈이 풀렸습니다. 그러나 신용과 평판이 없는 사람들은 막대한 양의 돈이 풀렸음에도 불구하고, 돈을 구하기가 무척이나 힘들었습니다.

반면에 모두가 위기라고 외치는 상황인데도 신용과 평판이 좋은 사람들은 전화 한 통만으로 돈을 쉽게 구할 수 있었습니다. 실제로 금리가 가파르게 오르는 최근 분위기 속에서도, 과거에 여러 차례 돈을 빌리고 제때 착실하게 갚았던 한 부동산 투자자는, 자신이 보유한 법인으로 대출을 받으니 오히려 이전보다 금리가 더 낮아졌다고 이야기합니다. 그가 오랜 세월 쌓아온 신용과 평판이 자금을 쉽게 빌릴 수 있도록 만들어준 것입니다. 그는 돈으로 돈을 벌었다고 말합니다만, 본질적으로 신용이 돈을 벌어준다는 사실을 잘 알고 있는 사람입니다.

'일본의 일론 머스크'로 불리는 사업가 호리에 다카후미堀江貴文는 돈이란 '신용을 수치화한 도구'에 지나지 않는다고 이야기합니다. 그는 돈 자체보다 돈을 쓰며 쌓은 신용이 더 많은 돈을 벌어들인다고 주장합니다. 저 역시 그의 의견에 동의합니다. 아무리 돈을 깔고 앉아 있어도 당신의 신용과 평판이 좋지 않다면 돈을 더 벌 수 있는 기회를 얻기 어려울 것입니다. 돈은 신용과 평판의 반증일 뿐입니다.

제가 빈털터리가 되어 회사에서 나온 지 몇 달이 지나고, 운영하던 유튜브 채널의 구독자가 3천 명 정도 되었을 때였습니다. 저와 비슷한 또래로 보이는 한 구독자가 직접 만나 이야기하고 싶다는 메일을 보내왔습니다. 그는 해외에서 의대를 다니다 휴학하고 귀국한 학생이었습니다. 어머니의 온라인 사업을 돕다, 마침내 직접 본인의 사업을 시작한 이력을 가지고 있었습니다. 저 또한 그가 궁금하여 약속 날짜를 잡고 만나게 되었습니다.

그때까지만 해도 저는 생활비를 벌기 위해 백방으로 고군분투하고 있었습니다. 금전적으로 넉넉하지 못해 아르바이트를 닥치는 대로 하며 작은 사업들에 끊임없이 도전하고 있었고, 동시에 유튜브 콘텐츠를 만들고 있었습니다. 그와 식사를 함께하고, 긴 시간 이야기하며 술도 한잔하게 되었습니다. 저를 보러 안양까지 시간을 내어 달려온 그에게 얻어먹는 건 예의가 아니라고 생각했고, 저는 계산하려고 하는 그를 어렵게 말려 식사비와 술값을 내고 헤어졌습니다.

당장 그달에 나가야 할 월세가 있었고, 통장 잔액은 겨우 50만 원 남짓이었습니다. 식사비와 술값을 합해 10만 원 가까이 나왔고, 형편을 생각해 뒤로 살짝 물러날 수도 있었습니다. 그러나 저는 그것이 장기적으로 '소탐대실'임을 잘 알고 있었습니다. 저의 평판에 전혀 도움이 되지 않는 행동이고, 사람을 얻는 것이 제 인생에 더 큰 도움이 될 것임을 잘 알고 있었습니다. 당장 10만 원을 아끼는 것이 중요한 게 아니라, 제 이야기에 공감하여 제가 있는 곳까지 와준 구독자를 잘 대접하는 것, 그것이 저에게는 더 중요한 일이었습니다.

실제로 지금은 그와 절친한 친구가 되었습니다. 워낙 똑똑하고 삶을 대하는 자세가 현명한 친구이기에, 현재는 연 매출 60억 원 이상을 내는 회사를 운영하고 있습니다. 저와 그 친구 모두 맛있는 음식을 먹으러 다니는 걸 좋아하기에, 맛집을 찾아다니며 식사와 술을 종종 함께하곤 합니다. 이제는 그럴 때마다 서로 돈을 내겠다고 싸우는 사이가 되었습니다. 화장실을 가는 척하며 서로 돈을 내다보니 이제는 자리에서 일어나기만 해도, "계산하지 마!"라고 웃으며 소리칩니다.

그뿐만 아니라 서로 좋은 정보가 있으면 항상 공유하고, 어려운 일이 있을 때 언제든 도움을 주고받는 사이가 되었습니다. 그날 썼던 10만 원이 한 푼도 아깝지 않습니다. 수억을 줘도 얻을 수 없는 귀한 인연을 얻었으니 말입니다. 자신에게 도움이 될 귀인을 만나 계산할 때가 되면 멀찌감치 뒤에서 딴청을 피우는 사람들이 있습니다. 사업을 하고 인생을 살아가는 동안, 적은 돈을 아끼고자 신용과 평판을 갉아먹는 소탐대실을 하지 않으셨으면 좋겠습니다.

CHAPTER 2

시간:
세상에서 무엇보다
가치 있는 '화폐'

·
*
✳

'경영자의 5분은 직원의 5년보다 중요하다'라는 말이 있습니다. 경영자가 5분을 허투루 생각해서 잘못된 의사결정을 내려 회사가 어려워진다면, 그 조직에 속한 사람들은 5년이 아니라 10년, 아니 인생 전체가 크게 바뀔 수 있습니다. 그래서 경영인은 자신의 시간이 무엇보다 중요한 가치이자 자산이라는 것을 인식하고 있어야 합니다. 그리고 이 중요한 시간을 본인이 가장 잘할 수 있는 일에 집중적으로 쓸 수 있어야 합니다.

본인의 일과를 한번 쭉 살펴봅시다. 전체를 100%로 두고, 사업 성장에 필요한 활동을 하는 시간을 몇 퍼센트라고 말할 수 있나요? 이러한 활동 시간의 구조에 '파레토의 법칙Pareto Principle'을 적용할 수 있습니다. 파레토의 법칙이란 여러분이 흔히 20:80의 법칙으로 알고 있는 사회현상으로, 어떤 결과의 대부분(80%)이 일부(20%) 원인 때문에 일어나는 현상을 뜻합니다. 예를 들면, 회사 매출의 80%는 중요한 고객 20%로부터 나오고, 회사 실적의 80%는 20%의 유능한 인재에게서 나온다는 얘기입니다. 이 법칙에 따르면, 당신이 회사 성장에 100%를 기여하는 경우, 그중 80%는 당신이 하는 일 20%의 가장 중요한 일로부터 발생하게 됩니다.

억만장자 사업가들은 수시로 이메일을 확인하거나 스마트폰을 열어보느라 시간을 낭비하지 않습니다. 경영자로서 20%의 중요한 일들이 어떤 활동으로 구성되어 있는지를 확실하게 파악할 수 있어야 합니다. 이는 경영자가 회사의 성장을 위해 본인 스스로가 집중해야 할 영역을 명확하게 인지하고 있음을 뜻합니다. 20%의 기여도 높은 활동에 집중하기 위해, 나머지 80%를 과감하게 버릴 수 있어야 합니다.

80%의 중요하지 않은 일 대부분은 당신을 바쁘게 만들

지만, 회사의 성장과 사실상 크게 관련이 없습니다. 심지어는 돈을 더 쓰게 만드는 일도 다수 있습니다. 이처럼 중요한 일에 집중하지 않고, 수익성 개선과 무관한 일(이메일 창만 열어 보는 등)에 지속해서 시간을 보내는 경영자의 경우 그런 일을 위임하거나 아웃소싱해야 합니다.

경영자가 직원을 뽑는 이유가 무엇일까요? 단지 본인이 할 수 없는 부분을 보완하기 위해서일까요? 물론 그런 이유도 있습니다. 그런데 일반적으로 대표는 다수의 업무를 직접 했을 때 직원들보다 잘하는 경우가 많습니다. 작은 기업일수록 이런 현상이 두드러집니다. 우등생들이 전 과목을 잘하는 것과 유사합니다. 그러나 대표는 자기가 이것저것 할 수 있다고 해서 모두 직접 할 필요가 없습니다. 여러 업무 중 기업 성장에 가장 기여할 수 있는 20%의 일에 집중하는 것이 더 바람직합니다.

야구나 축구의 고교 리그를 보면, 재능 있는 '에이스' 선수가 있습니다. 고교 야구의 경우 보통 에이스 선수는 투수를 해도 잘하고, 타자를 해도 잘합니다. 선발 투수로 뛰는 선수가 4번 타자를 겸하는 경우도 심심찮게 볼 수 있습니다. 고교 축구도 마찬가지입니다. 축구를 잘하는 한 명이 수비, 미드필더,

공격에 이르기까지 모든 포지션에서 뛰어난 기량을 보입니다. 그러나 프로의 세계는 다릅니다. 프로가 된다면 그중 자신이 가장 잘할 수 있는 분야에 시간과 에너지를 집중해야 합니다. 그렇게 각자가 잘하는 걸 특화해서 역할 분담을 하는 것이 프로의 세계입니다. 당신이 사업을 시작했다는 것은, 프로의 세계에 들어온 것이나 다름없다는 것을 명심해야 합니다.

우선은 본인의 시간당 가치를 계산해보기를 권합니다. 자신이 한 달에 만들어내는 수익 창출 가치를 통해 추정해 볼 수 있습니다. 가령 한 달에 500만 원의 순이익을 내는 자영업자 B가 있다고 가정해보겠습니다. B는 자신이 직접 일하는 작은 가게를 운영하며 평균적으로 주 6일, 한 달에 약 25일을 일합니다. 즉, B가 하루에 창출하는 소득은 20만 원이라고 볼 수 있습니다. B가 하루 평균 10시간 동안 일한다고 하면, 그의 시간당 가치는 2만 원이라는 계산이 나옵니다. 이처럼 자신의 시간당 창출 가능한 소득을 바탕으로 시간당 가치를 따져보는 것입니다.

> B의 하루 창출 소득 = B의 한 달 순이익 ÷ 한 달에 일하는 일수
> (20만 원 = 500만 원 ÷ 25일)

B의 시간당 가치 = B의 하루 창출 소득 ÷ 일하는 시간
(2만 원 = 20만 원 ÷ 10시간)

어느 날, 여느 때처럼 장사하던 B는 갑자기 지방에 계시는 부모님의 연락을 받았습니다. 급히 일이 있어 올라가는 중이라 저녁쯤 집에 방문하겠다고 말씀하시는 부모님. 아침에 집을 나서면서 봤던 집안 상태가 어렴풋이 떠오릅니다. 밀린 빨래와 잔뜩 어질러진 거실, 싱크대를 가득 메운 설거짓거리들. 집으로 달려가 청소를 하려면 족히 3시간은 걸릴 것 같은 상황이라 B는 출장 청소업체를 알아보았습니다. 청소 의뢰 비용이 4만 원인 것을 확인한 B. 그는 이 상황에서 청소를 의뢰하는 것이 좋을까요?

가게에서 계속 일한다면 B의 3시간 소득 창출 가치는 6만 원입니다. 따라서 4만 원에 청소를 의뢰하고 본인의 일에 집중하는 것이 더 합리적인 선택이라고 볼 수 있습니다. 이처럼 본인의 시간당 가치를 인지하고, 그보다 가치가 낮은 일은 최대한 다른 전문가를 활용하는 것이 좋습니다.

경영자에게 필요한 덕목은 '자기가 잘하는 것을 어느 정

도 포기'할 수 있는 자세입니다. 본인이 잘하는 것들 사이에서 '가장 잘하는 것'에 집중하기 위해서입니다. 돈으로 시간을 살 수 있다면, 시간을 사는 결정을 내려보시길 바랍니다.

CHAPTER 3

경험:
최고의 수익률을 안겨줄
'종잣돈'

•
✱
✴

평생을 싸구려 모텔만 다닌 사람이 있습니다. 이 사람이 어느 날 펜션을 개업하여 '최고급 서비스'를 하겠다고 외친다면, 그 최고급 서비스란 어떤 것일까요? 본인이 겪어본 경험에서 국한된 것일 게 분명합니다. 만약 그가 포시즌스 호텔이나 그랜드 하얏트처럼 최고급 호텔에 가본 경험이 있다면, 그만큼의 서비스를 상상할 수 있을 것입니다. 세계 최고 수준의 초호화 호텔로 알려진 '버즈 알 아랍Burj Al Arab'에 가보았다면, 상상 이상의 서비스를 기획해볼 수도 있겠지요.

사업을 하고자 한다면 경험이 되는 소비를 '투자'라고 볼 수 있어야 합니다. 당신이 어떤 마음가짐으로 돈을 쓰느냐에 따라, 경험은 미래에 높은 수익률을 약속하는 훌륭한 자산으로 돌아올 수 있습니다. 어느 날, 당신이 고가의 서비스를 제공하는 고급 항공사의 경영에 참여할 기회를 맞이했다고 상상해보십시오. 그런 상황에서 당신이 가진 경험이 오직 저가 항공사의 서비스만 이용해본 게 전부라면, 서비스의 수준을 효과적으로 끌어올리는 경영은 어려울 것이 뻔합니다.

흔히 돈을 적게 쓰면 '좋은 소비'이고, 많이 쓰면 '나쁜 소비'라는 착각에 빠질 때가 있습니다. 금전적으로 여유롭지 못할 때는 그런 생각에 더욱 갇히기 쉽습니다. 그러나 좋은 소비와 나쁜 소비의 기준을 금액의 규모로만 판단하는 것은 훌륭한 '경험 종잣돈'을 모으기 어렵게 만듭니다. 저는 모든 과소비가 나쁜 것만은 아니라고 생각합니다. 값진 경험이 될 수 있는 곳에 돈을 많이 쓰는 것은 오히려 좋은 소비입니다. 그렇다면 어떤 경험에 돈을 아끼지 말아야 할까요? 예를 한번 들어보겠습니다.

술값으로 달마다 50만 원을 쓰는 두 사람이 있습니다. 한 명은 기껏해야 2만 원 미만의 금액으로 편의점에서 맥주와 안주를 사서 매일 퇴근 후 집에서 먹곤 합니다. 반면 다른 한 명은 50만 원을 한 번에 다 쓰는데, 돈을 모아 한 달에 한 번 최고급 호텔 레스토랑을 예약해 가곤 합니다. 단편적으로만 본다면 전자의 사람은 적은 돈을 쓰는 검소한 소비를 하는 것처럼 보이고, 후자의 사람은 능력에 맞지 않게 많은 돈을 쓰는 사치스러운 소비를 하는 것처럼 보입니다.

그러나 경험의 가치를 생각해본다면, 둘 중 후자가 더 가치 있는 소비를 했다고 볼 수 있습니다. 두 번째 사람은 마음가짐에 따라 고급 호텔 레스토랑의 서비스 수준을 배우고, 주변 테이블에 어떤 사람들이 있는지, 공간 분위기는 어떤지 등을 경험으로 얻게 될 것입니다. 이러한 경험은 50만 원을 넘어 훨씬 큰 가치를 만드는 잠재력이 될 수 있습니다.

성공한 기업가 중에는 경험 소비에 인색하지 않은 사람들이 많습니다. 비행기를 이용할 때도 구태여 프레스티지석을 타려고 하고, 해당 좌석에서 어떤 서비스를 제공하는지 살펴봅니다. 또 출장을 가더라도 제일 좋은 등급의 호텔에 묵습니다. 그곳에서 종업원들이 응대하는 서비스가 어떤지를 살펴보고, 자기 회사에 어떻게 적용할 수 있을지를 구상해보는 것입니다. 이러한 기업가들은 유난히 사치스러운 성격을 가졌거나 돈이 남아돌아서 해당 서비스를 소비하는 것이 아닙니다.

인간의 창의력은 상당 부분 본인이 한 경험에서 비롯되어 나오는 산물입니다. 그렇기에 특정 영역에 국한된 것이 아니라, 다양한 영역에서 많은 경험을 축적했을 때 비로소 영역 간 융합된 색다른 아이디어가 떠오르고, 혁신적인 발상이 나오게 됩니다. 돈으로 좋은 경험을 살 수 있는 상황이라면 어떻게든 비용을 들여서라도 값진 경험을 하려고 시도해보시기 바랍니다. 그러한 경험은 당신의 사업을 키우는 데 틀림없이 중요한 자양분이 될 것입니다.

나아가 성공하는 기업가들이 경험을 대하는 태도를 조금 더 이야기해보겠습니다. 그들은 직원들이 새로운 경험을 쌓는 데 들어가는 비용을 투자의 관점으로 바라봅니다. 단순히 직원에게 돈을 많이 쓰면 직원들의 충성도가 올라가고 기업 평판이 좋아질 것이란 생각 때문일까요? 결코 그게 전부가 아닙니다. 직원들의 경험에 돈을 쓰는 것은 직원 복지 이상의 큰 의미가 있습니다.

직원들과 출장을 갈 때 최고급 호텔에서 숙박하도록 하고, 그 지역의 고급 식당에 데려가는 등 높은 수준의 서비스를 경험하게 하면, 직원 역시 크게 성장하게 됩니다. 유능한 직원이라면 좋은 서비스를 경험하면서 받는 영감을 통해 새로운 서비스를 구상할 수 있을 것입니다. 만약 직원이 값진 경험을 중요하게 생각지 않고 그냥 지나치고 있다면, 그것을 일깨워주는 것도 경영인이 해야 할 일입니다. 이렇게 되면 직원은 다른 직원에게도 자기 경험을 공유할 수 있고, 그 과정에서 회사에 도움이 되는 새로운 아이디어들을 만들어낼 수 있습니다. 따라서 장기적으로 봤을 때 경험이 되는 소비에는 인색하게 굴지 않는 게 경영인으로서 좋은 결정입니다.

기업가 중에는 직원들이 경험하는 데 쓰는 비용을 아까워하는 사람들이 있습니다. 출장 시 숙박비를 아끼려고 허름한 호텔을 예약한다거나 식비를 최대한 아껴 저렴한 곳 위주로만 찾아다니며 먹는다는 것입니다. 경영 사정으로 비용을 절감해야 한다면 어쩔 수 없지만, 충분히 지불 능력이 있음에도 이를 불필요한 과다 지출이라고 생각한다면, 그다지 좋은 판단이 아닙니다. 특히 본인은 대표라서 좋은 곳에 묵고, 직원들은 저렴한 숙소를 잡아주는 것은 그야말로 최악의 경영자입니다. 동기부여적인 측면에서도, 직원 능력의 성장 측면에서도, 기업에 전혀 도움이 되지 않는 행동입니다. 이러한 판단은 당장 비용을 아낄 수는 있지만, 장기적으로는 손해인 그야말로 '소탐대실'입니다.

스스로 견문을 넓히고, 직원들의 견문 또한 넓힐 수 있도록 돕는 것이 경영자의 의무이자 책임입니다. 이것은 직원에게만 좋은 것이 아닙니다. 그 소중함을 알고 있는 유능한 직원이라면, 앞서 이야기했던 '호혜성의 원칙'에 따라 당신에게도 더 좋은 결과로 돌아올 것입니다.

물론 이러한 저의 주장에 이렇게 반박하는 분들이 있을 수 있습니다. "세상에는 남으로부터 얻을 것만 생각하는 테이커taker 성향의 사람들도 많습니다. 그들에게 헛된 투자를 하다가 비용을 낭비하는 건 경영적으로 좋지 않은 결정인 것 같은데요?" 물론 회사에는 오직 자기가 얻을 것만 생각하는 직원들이 존재하는 것이 사실입니다.

그러나 빈대를 잡자고 초가삼간을 불태우는 식의 선택을 해서는 안 됩니다. 이기적인 테이커를 구별하는 능력도 경영자로서 필요한 역량입니다. 좋은 직원을 선발할 수 있는 채용 시스템을 갖추기 위해 노력하는 것으로 이러한 문제를 풀어나가야지, 모든 직원에게 인색하게 대하는 것으로 문제를 해결하려고 하는 것은 바람직하지 않습니다.

《송사宋史》에 이런 구절이 있습니다. "의인물용 용인물의

疑人勿用 用人勿疑." '의심스러운 사람은 쓰지 말고 일단 쓴 사람
은 의심하지 말라'는 뜻입니다.

본인의 경험에 적극적으로 투자하고, 나아가 직원의 경험
에도 투자할 수 있는 조직의 리더는 그렇지 않은 조직과 비
교할 때 장기적으로 압도적인 전력을 가질 수밖에 없습니다.
지금까지 본인과 구성원의 경험을 가볍게 생각했다면 지금
부터라도 '경험 종잣돈 모으기'에 적게나마 투자를 시작하시
길 바랍니다.

BUSINESS STEROID

비즈니스 스테로이드 1단계

고객이 스스로 찾아올 수밖에 없는 길을 만든다

CHAPTER 1

어떻게 비약적으로
성장할 수 있을까?

•
◦
✴

'회사의 경영자는 회사에서 제일가는 세일즈맨이어야 한다.' 사업에 관하여 제가 가지고 있는 중요한 신념입니다. 직원들은 회사의 상품을 팔지만, 경영자는 상품을 넘어 회사 자체를 팔 수 있어야 합니다. 누구든지 일하고 싶어 하고, 가지고 싶어 하고, 고객이 되고 싶어 하는 회사로 만들 수 있어야 한다는 뜻입니다.

그렇기에 경영자는 이전에 자신이 기술자였든, 재무 전문가였든, 디자이너였든, 본인의 출신과 상관없이 세일즈 능력을 갖춰야 합니다. 마케팅과 세일즈 영역을 단순히 '잘하는 사람들을 데려다 놓으면 알아서 돌아갈 분야'라고 여겼다면, 하루빨리 그런 착각에서 벗어나십시오.

업계에서 가장 수준 높은 상품을 가지고 있는가 그렇지 않은가는 사실 가장 중요한 문제가 아닙니다. 세일즈 전문가들은 "영업이 곧 생존이다!"라는 말을 자주 외치곤 하는데, 정말 그렇습니다. 기업을 사람의 몸에 비유하면 마케팅과 세일즈는 혈액과 같습니다. 온몸 구석구석을 돌아다니며 생존에 필요한 물질을 전달하는 혈액처럼, 마케팅과 세일즈는 기업이 살아남기 위해 꼭 필요한 요소들, 자본과 고객을 유입하도록 만드니 말입니다.

그렇기에 기업이 유지되기 위해 가장 핵심적인 요소를 하나만 꼽으라면, 사업을 하고자 하는 여러분의 강력한 동기도, 직원들의 열정도, 경영자의 선한 영향력도 아닌, 바로 '판매'입니다. 비록 아름다운 이야기는 아니지만, 이것이 냉정한 현실입니다. 실제로 사업은 아름다운 동화 속 이야기가 아니라 눈앞에 생존이 달린 현실이니까요.

그런 상황인데도 언제 어떻게 고객이 올지 예측하지 못하고, 고객이 올 수 있는 경로조차 구축하지 않은 상태로 사업을 하는 경영가들이 수없이 많습니다. 만약 당신도 '오늘은 과연 고객이 찾아올까?' 하고 하염없이 기다리는 자세로 사업에 임하고 있다면, 앞으로 상황은 더 힘들어질 수 있습니다.

판매가 일어나지 않아 결국 실패를 맛본 경영인들을 생각해보십시오. 그들은 판매를 유도할 시스템이 없는 상황에서도 '긍정적인 기운'을 유지하며 '노력했으니 모두 잘될 거야' 하는 마음으로 아무런 조치를 하지 않고 기다리다, 최후를 맞이하고야 말았습니다. 그러나 당신은 다릅니다. 이 책의 제목을 보고 호기심을 가졌고, 이제는 판매를 늘릴 방법에 대해 배울 준비가 되었기 때문입니다.

당신은 상품을 구매할 진짜 '유효 고객'을 발굴하는 시스템을 구축할 마케팅 전략을 배우게 될 것입니다. 광활한 온라인 세계에서 당신의 상품에 관심을 가질 만한 잠재 고객을 발굴하고, 궁극적으로 그들을 당신의 고객으로 만드는 모든 과정을 예측 가능한 시스템으로 구축할 겁니다. 그리고 이 시스템이 곧 당신의 사업을 비약적으로 성장시켜줄 '스테로이드'가 될 것입니다.

사업을 키우기 위해 노력하는 분들이라면 마케팅 대행사

에 일을 맡겨보고, 고객 관련 데이터를 처리하는 프로그램을 도입하는 등 여러 시도를 해보았을 것입니다. 또한 고객의 호기심을 자극할 랜딩 페이지를 제작하고, 다양한 마케팅 프로그램을 사용하기 위해 매월 비용을 지불하면서 어쩌면 아주 작은 승리를 맛보았을지도 모르겠습니다. 하지만 이제 그런 방식에서 벗어나야 합니다.

어떤 획기적인 프로그램을 도입할 것인지 혹은 어떤 자극적인 프로모션을 기획할 것인지, 당신이 마주하는 문제를 본질적으로 해결해주지 않습니다. 어디에서 더 많은 고객을 얻고, 어떻게 더 많은 판매를 만들 것인가? 이 질문의 답이 근본적인 해결책이 될 것입니다.

이제 그동안 사용했던 프로그램들이 도대체 왜 필요했으며 또 어떻게 활용되어야 최대한의 효과를 끌어낼 수 있는지, 소위 '눈팅'만 일삼는 비구매자를 어떻게 실구매자로 전환할 수 있는지, 하나씩 설명하도록 하겠습니다. 전체 과정을 이해한 후 판매 시스템을 만든다면 불필요하게 낭비되는 마케팅 비용을 크게 줄일 수 있을 것입니다.

CHAPTER 2

할리우드 빌드업 테크닉:
출시 첫날부터 완판을 부르는 법

- 직영점 평균 월 매출 2억! ㅇㅇ 브랜드 가맹사업 시작! 가맹점을 모집합니다!

- 임플란트 시술, 최고의 의료진이 합리적인 가격에 제공합니다! ㅇㅇ치과 오픈!

- 업계 최초로 ㅇㅇ기술을 적용한 제품 양산에 성공하였습니다! 최고의 공급 파트너가 되겠습니다.

- 새로운 광고 시스템을 선보입니다. 야심 차게 준비한 상품인 만큼 마케팅 효과를 보장합니다!

제품이든 서비스든 당신의 상품을 세상에 선보인 경험이 있으신가요? 야심 찬 '런칭' 경험이 있으시다면, 그 성과는 어떠셨나요? 어떤 분은 제품이나 서비스를 개발해 기대했던 수익 혹은 그 이상을 거두는 만족스러운 성과를 올리셨는지도 모르겠습니다. 그러나 저를 찾아주시는 많은 사업가분과 마케터분들은 시장의 싸늘한 반응을 맛보고, 기대감이 실망으로 되돌아온 쓰디쓴 경험을 가지고 있었습니다.

아마 한 번쯤 상품을 만들어 세상에 내놓은 적이 있다면, 제가 지금부터 소개할 '할리우드 빌드업 테크닉Hollywood Build-up Technique'이라는 마케팅 기법을 배우고 충격에 빠지실 수도 있습니다. 반면 당신이 아직 그런 경험이 없는 신생 사업가라면, 수년간 시행착오로 낭비할 뻔한 시간을 혁신적으로 아끼신 것에 축하한다는 말을 먼저 전하고 싶습니다. 왜 이렇게 설레발을 치냐고요? 이 기법이 제 인생을 바꿨기 때문입니다. 자, 이제 서론을 짧게 마치고 바로 본론으로 들어가겠습니다.

2019년 개봉한 흥행작 〈스파이더맨: 파 프롬 홈Spider-Man: Far From Home〉을 관람하셨나요? 이 영화는 개봉 후 3개월 동안 한화로 1조 5천억 원 이상의 흥행 수익을 기록했습니다.

1,500억 원 정도의 제작비가 들어간 대형 프로젝트였지만, 10배 이상의 수익을 일으키며 엄청난 성공을 거머쥐었습니다. 뜬금없이 스파이더맨을 이야기하는 이유가 무엇이냐고요? 당신은 혹시 할리우드 영화가 전 세계 동시 개봉을 할 때, 그 전체 과정을 유심히 관찰해보신 적이 있으십니까?

블록버스터 급 영화의 개봉에는 항상 '빌드업^{Build-up}'이 따릅니다. 빌드업이란 고객이 당신에게 올 수 있는 '계단'을 만드는 행위라고 이해하시면 쉽습니다.

할리우드 영화는 촬영에 들어가면서부터 이야깃거리를 만들고 이를 외부로 유출하기 시작합니다. 제작 현장에서 찍힌 배우들의 파파라치 사진들이 유출되고, 팬들 사이에서는 기대감이 조금씩 형성됩니다. 이는 모두 의도적인 마케팅 과정입니다. 현장의 모습을 의도적으로 노출하면서 대중의 인식 속에 해당 영화에 대한 기대감과 궁금증을 심기 시작하는 것입니다. 그렇게 개봉이 몇 개월 남은 시점이 되면, 정식 예고편이라 할 수 있는 '트레일러 영상'이 공개됩니다. 이러한 트레일러 영상은 한 편으로 끝나는 것이 아니라, 영화의 규모에 따라 2차, 3차로 추가 공개되기도 합니다. 개봉 몇 주 전 2차 트레일러가 모습을 드러내고, 개봉 직전 3차 트레일러가 나오는 식입니다.

이뿐만이 아닙니다. 트레일러가 여러 매체에서 소개되는 동시에 출연 배우들 역시 다양한 소셜 미디어와 언론을 통해 자신들의 얼굴을 드러내며 사전 홍보를 진행합니다. 영화가 개봉하는 그 당일 하루를 위해 짧게는 몇 주 전, 길게는 수년 전부터 이렇게 '빌드업'을 하는 것입니다.

"영화를 개봉하는 과정이 도대체 제 비즈니스와 어떤 상관이 있는 건가요?"

이렇게 의아해하는 분들이 있을지도 모르겠습니다. 그래서 이번에는 제품으로 이야기해보겠습니다. 여러분 중에도 분명 '아이폰 마니아'가 있으실 겁니다. 애플에서 아이폰을 출시하는 과정을 찬찬히 떠올려보시길 바랍니다. 몇몇 분들의 머릿속에는 여전히 애플의 전 CEO 스티브 잡스의 강렬한 프레젠테이션 발표가 자리 잡고 있을 겁니다. 그러나 신제품 발표회 이전에도 애플의 신제품 발매 과정에는 수많은 빌드업이 숨어 있습니다.

새로운 아이폰이 출시되기 한참 전, 전 세계인들은 인터넷을 통해 디자인 유출본이라 소문난 이미지를 보게 됩니다. 디자인 일부가 어디선가 유출된 듯하고 사람들은 그 진위를 둘러싼 논쟁에 빠져듭니다. 생각해보면 입소문을 활용한 마케팅이지만 사람들은 거부감을 느끼지 않습니다. 이미지 한 장으로 전 세계인의 화젯거리가 된 것입니다. 애플에서는 해당 유출본이 근거 없다는 내용의 기사를 내기도 하고, 대답을 회피하며 사람들의 궁금증을 고조시킵니다. 자신들이 원하는 방향으로 마케팅 효과를 거두고 있는 것입니다.

이렇듯 출시 전부터 각종 소문과 유출본을 통해 잠재 고객에게 상품을 확실히 각인시키는 것은 모두 계획적인 '빌드업'입니다. 이후에는 상품을 미리 사용해볼 수 있는, 특별한 혜택을 누린다고 느낄 수 있는 '베타 테스터'라는 고객을 모집합니다. 이러한 소식은 제품을 런칭하기 전, 또 한 차례 마케팅 효과를 냅니다. 영향력 있는 인플루언서에게 베타 테스터의 기회를 줌으로써 엄청난 바이럴 효과를 일으키는 것입니다. 이 얼마나 좋은 마케팅입니까?

애플은 상품 런칭을 위한 발표회 현장조차도 하나의 행사 상품으로 기획하고 진행합니다. 행사 참여자를 모집하는 것만으로 신제품 출시가 임박했음을 전 세계에 효과적으로 알릴 수 있습니다. 그리고 마침내, 상품을 공개하는 발표회 현장에서 온라인 사전 판매를 시작합니다. 상품이 나오기도 전에 고객들은 출시 사실을 익히 알고 있으며, 이미 구매 욕구는 충분히 고조되어 있습니다.

이제 다시 첫 질문으로 돌아가서 당신의 상품 런칭 경험을 돌아보는 시간을 가져보겠습니다. 당신은 열심히 상품을 기획하고, 개발하고, 세상에 내놓았을 것입니다. 전용 쇼핑몰을 만들어 판매를 개시했을 수 있고, 대형 유통사를 통해 입점하여 대중에게 상품을 선보였을 수 있습니다. 상품을 소개하는 상세페이지와 자료를 열심히 만들었기에, 남은 건 큰돈을 버는 일뿐이라는 부푼 기대를 안고 계셨을 것입니다. 더불어 나름 이곳저곳에 런칭 소식을 알리는 '마케팅' 활동을 펼치셨을 겁니다.

상품명, 브랜드 로고 디자인, 소개 자료, 제안서 등 판매를 촉진하기 위한 다양한 작업에 세심하게 신경 썼으니, 고객 반응이 충분히 나타날 것이라는 사실에 의심하지 않으실 겁니다. 그런데, 아마 그 기대는 쓸쓸하게 혹은 처참하게 무너졌을 거라 생각합니다. 왜 그랬을까요? 단순히 운이 따르지 않았던 걸까요? 지금부터 제가 알려드릴 마케팅 기술의 이름이 왜 '할리우드 빌드업 테크닉'인지 생각해보시기 바랍니다.

본격적으로 내용을 시작하기 전, 여러분이 반드시 기억하셨으면 하는 중요한 사실 한 가지만 더 전달하고자 합니다. 값비싼 비밀이므로 여러분만 알고 계시면 좋겠습니다. 혹시 경쟁사 관계자가 주변에 없는지 확인한 후 읽어보시길 바랍니다.

"매출 성과는 런칭 이전 빌드업에서 90% 이상이 결정된다."

많은 분들이 상품을 세상에 내놓은 후 진행하는 '사후' 마케팅만 고민하고 있습니다. 멋들어진 런칭 이벤트를 기획하면서도, 사전 마케팅에는 큰 신경을 쓰지 않는 경우가 허다합니다. 그러나 거대 매출을 만드는 것은 상품을 런칭한 이후의 마케팅이 아닙니다. 당신이 힘을 쏟아야 하는 부분은 런칭 전에 행하는 '빌드업 마케팅'입니다. 이를 '런칭 전 계단 만들기'라고 부르겠습니다.

고객이 '구매 행동'을 최종적으로 확정하는 일은 큰 장벽을 오르는 일과 같습니다. 다음 그림을 주목해주세요. 빌드업 단계가 없이 상품을 런칭하는 것은 '왼쪽 그림'과 같은 상황입니다. 장벽을 고객 스스로 넘어서지 못하면 구매는 결코 이루어질 수 없습니다. 반면 빌드업 마케팅은 '오른쪽 그림'과 같이 고객이 차근차근 밟고 올라갈 계단을 만드는 활동입니

다. 상품 판매가 시작되면 고객은 기다렸다는 듯이 구매 행동
을 할 수 있습니다.

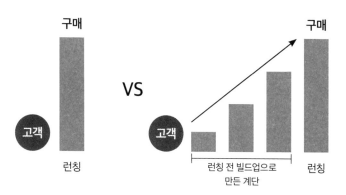

| 빌드업 단계를 적용하지 않은 마케팅 구조(왼쪽)와 적용한 마케팅 구조(오른쪽)

이제 빌딩 옥상에 앉아 땅에 있는 고객이 알아서 올라오
길 막연하게 기다리는 마케팅과는 이별할 시간입니다. 대신
다음 문장을 반드시 기억하고 머릿속에 새기셔야 합니다.

'고객이 구매 단계까지 올 수 있는 계단을 만들어주지 않
으면 판매는 일어나지 않는다.'

그렇다면 '런칭 전 계단'은 어떻게 만들어야 하는 것일까
요? 지금부터 그 내용을 살펴보도록 하겠습니다.

CHAPTER 3

계단 콘텐츠:
고객과의 거리를 좁히는 법

•
✳
✴

성공적인 비즈니스 런칭(혹은 성공적인 상품 판매)을 위해서는 최소 세 개의 계단을 준비합니다. 저는 지금부터 이것을 '계단 콘텐츠'라고 부르겠습니다. 각각의 계단 콘텐츠가 어떤 역할을 해야 하는지 구체적인 사례와 함께 살펴보겠습니다.

(1) 계단 콘텐츠 1: 잠재 고객의 관심을 유발하는 자료를 제작한다

첫 번째 계단 콘텐츠는 '런칭 전 계단 만들기' 과정의 가장 기본으로, 진입 장벽이 사실상 제로에 가까운 콘텐츠를 의미합니다. 이때 활용하기에 가장 좋은 도구로는 무료로 제공하는 소책자와 가이드북을 꼽을 수 있습니다. 무료 영상 자료 혹은 블로그 포스팅 자료를 사용할 수도 있지만, 여기에서는 간단한 소책자를 활용한다고 가정해보겠습니다.

우선 회사의 잠재 고객에게 도움이 될 수 있는 정보를 담아 전자문서 형태로 된 자료를 만듭니다. 되도록 PDF 형식의 파일로 제작하는 것이 좋습니다. 분량은 핵심만 담아 10쪽 정도면 충분합니다. 중요한 것은 이 자료에 잠재 고객에게 진정으로 도움이 될 '가치 있는 정보'가 담겨 있는가입니다.

예를 들어, 당신의 회사가 부동산 투자 관련 사업을 추진하고 있다면, 잠재 고객은 부동산 투자에 도움이 될 정보에 반응을 보이는 사람들일 것입니다. 그렇다면 아래와 같은 소책자 주제를 생각할 수 있습니다.

- 2022년 이후 바뀐 부동산 투자 가이드! 매매 시 반드시 확인해야 할 5가지 절세 노하우
- 모르면 손해를 볼 수밖에 없는 7월 부동산 정책 변경에

따른 투자 전략

위와 같은 자료를 만들어 당신이 가지고 있는 '잠재 고객 리스트'를 통해 알립니다. 잠재 고객 리스트란 일종의 '고객 DB'입니다. 전화번호, 이메일, 주소 등이 포함되어 고객과 커뮤니케이션할 수 있는 경로를 의미합니다. 현재 사업을 하고 있다면 이러한 리스트가 어느 정도 구축되어 있으리라 생각합니다. 물론, 그렇지 않더라도 걱정하실 필요는 없습니다. 고객 리스트를 확보하는 방법도 차근차근 알려드릴 것입니다. 우선은 잠재 고객 리스트가 어느 정도 만들어져 있다고 가정하고 설명을 이어가겠습니다.

소책자가 준비되었다면 고객 DB를 통해 고객들이 무료로 받아 갈 수 있도록 알립니다. 이와 동시에 온라인상에서 자료를 원하는 사람이라면 누구나 받아 갈 수 있는 창구를 만들어 둡니다. 이때 블로그를 활용할 수 있습니다. 블로그에 제공하고자 하는 소책자의 간략한 소개글을 게재하고, 신청하면 메일 또는 문자메시지 등을 통해 보내준다고 안내합니다. 이러한 방법을 통해 신규 리스트를 추가로 확보할 수도 있습니다.

이외에도 랜딩 페이지에 계단 콘텐츠를 받아 갈 수 있는 '신청 양식'을 만듭니다. 랜딩 페이지 방문자들이 스스로 연락처 정보를 입력하도록 유도하는 방법으로, 그렇게 확보된 고객 리스트에 소책자 파일이 자동으로 전달되도록 설정할 수도 있습니다. 이러한 작업은 기초적인 자동화 기술이 필요하며, 관련 도구에 대해서는 아래 링크에서 확인하실 수 있습니다.

카메라 앱으로 오른쪽의 QR 코드를 스캔하세요

+ TIP　이밖에도 계단 콘텐츠를 제공하는 마케팅 과정 전체를 자동화할 수 있습니다. 이를 '팔로업 마케팅(follow-up marketing) 자동화'라고 부르며, 사업을 확장하기 위해 필수적으로 고려해야 할 방법입니다. 스테로이드 2단계에서 배울 '세일즈 퍼널(sales funnel)'을 최적화한 후에 생각해야 하는 단계이므로, 지금은 가볍게 넘어가셔도 괜찮습니다.

그밖에 계단 콘텐츠를 알릴 수 있는 경로로는 아래와 같은 방법을 들 수 있습니다.

- 해당 주제에 관심을 보일 만한 혹은 연관성이 높은 커뮤니티(각종 온라인 카페, 오픈채팅방 등)에 무료 책자 제공 소식을 알립니다.
- 인스타그램, 페이스북, 구글 등 온라인 디스플레이 광고를 통해 무료 책자를 받아 가도록 유도합니다.
- 관련 콘텐츠를 다루는 소셜 미디어 계정의 운영자를 통해 입소문을 유도합니다.

　⋯ 상품과 관련된 콘텐츠를 다루는 '소셜 미디어 계정'에 찾아가 댓글을 통해 소책자를 무료 배포하고 있음을 알립니다. 이때 확산 효과를 극대화하기 위해 계단 콘텐츠의 소개글에 '해당 소식을 당신의 소셜 미디어에 공유하는 조건으로 이 자료를 무료로 드립니다'라고 명시하여 계단 콘텐츠가 최대한 노출되고 퍼져나가도록 만듭니다.

- 소셜 미디어 채널을 개설해 관련 소식을 올립니다.

　⋯ 추후 대규모 런칭을 대비하기 위해서 소셜 미디어 관리는 필요합니다. 현재 운영 중인 소셜 미디어 채널에 계단 콘텐츠 무료 제공 소식을 알릴 수 있습니다. 그리고 고객에게 도움이 될 수 있는 정보를 주기적으로

올려 본격적인 런칭 준비를 사전에 해두시면 큰 도움이 됩니다. 다만, 당장 많은 리스트가 모일 것이라 기대하지 마십시오. 장기적인 관점에서 접근하는 것이 바람직합니다.

(2) 계단 콘텐츠 2 : 한 차원 더 깊은 정보를 제공한다

두 번째 계단 콘텐츠는 첫 번째 계단 콘텐츠를 소비했던 잠재 고객을 대상으로 제공하는 다음 콘텐츠입니다. 만약 첫 번째 계단으로 앞에 든 예시처럼 무료 소책자를 활용했다면, 두 번째 계단은 무료 강의 혹은 설명회 주최를 생각해볼 수 있습니다. 무료 소책자로 해소되지 않은 문제에 대해 더욱 깊이 설명해주는 시간을 제공하는 것입니다.

오프라인을 통해 공간을 대여한 후 진행할 수 있고, 회의실이 있다면 인원을 한정하여 본사에서 진행해도 좋습니다. 요즘에는 온라인을 통해 영상 강의를 제공하는 방식도 자주 사용됩니다. 이럴 때 전달 방식은 별도 URL을 생성해 '첫 번째 계단 콘텐츠'를 소비한 이들에게만 시차를 두고 보내거나,

승인된 회원들만 볼 수 있는 카페(혹은 커뮤니티)의 게시판에 영상을 올린 후 이메일이나 오픈채팅방 등으로 알리는 방식이 있습니다.

이외에도 무료로 진행하는 온라인 라이브 세미나를 진행할 수도 있는데, 소셜 미디어 채널을 키우려는 목적이 있다면 '유튜브 스트리밍' 또는 '인스타그램 라이브'를 활용하여 두 번째 계단 콘텐츠를 제공해도 좋습니다.

(3) 계단 콘텐츠 3: 고객과의 거리를 좁히는 시간을 갖는다

세 번째 계단 콘텐츠는 런칭 전 잠재 고객에게 전달하는 마지막 콘텐츠로, 본격적인 판매 제안을 던지기 직전 단계인 만큼 중요한 의미가 있습니다. 단, 시작부터 무언가를 팔 것처럼 분위기를 잡지 않도록 주의해야 합니다. 우선은 첫 번째, 두 번째 계단 콘텐츠와 동일하게 충분한 가치를 제공하는 데 전념합니다.

일반적으로 이 단계에서는 앞선 계단 콘텐츠보다 고객과 더욱 가까운 접점을 만드는 방향으로 다가갑니다. 콘텐츠의 형태에 따라 우리와 고객 사이의 거리를 살펴보면 다음과 같이 정리할 수 있습니다.

매우 멀다	• 얼굴을 드러내지 않고 제공하는 텍스트 또는 이미지 콘텐츠 • 얼굴과 목소리를 드러내지 않고 제공하는 영상 콘텐츠 • 다수에게 무작위로 배포되는 무료 자료(혹은 쿠폰, 사은품 등)
멀다	• 얼굴을 드러내지 않고 목소리만 드러낸 영상 또는 오디오 콘텐츠 • 얼굴을 드러낸 이미지가 포함된 텍스트 콘텐츠
중립	• 얼굴을 드러낸 영상 또는 오디오 콘텐츠 • 얼굴을 드러내지 않고 제공하는 채팅 상담
가깝다	• 얼굴, 목소리 등을 드러내고 진행하는 라이브 콘텐츠 • 1:1이 아닌 일 대 다수로 제공되는 오프라인 콘텐츠
매우 가깝다	• 1:1 오프라인 대면으로 제공되는 콘텐츠 • 전화 통화 • 1:1 화상 연결을 통해 제공되는 콘텐츠

예를 들어 첫 번째 계단으로 무료 소책자, 두 번째 계단으로 녹화된 영상 강의를 제공했다면, 세 번째 계단은 라이브로 진행되는 강의 또는 오프라인 세미나를 활용하여 고객과의 관계를 끌어올릴 수 있습니다. 만약 두 번째 계단으로 라이브 강의 또는 오프라인 세미나를 활용했다면 어떨까요? 세 번째 계단으로 1:1 상담을 고려해볼 수 있습니다. 핵심은 계단의 단계가 높아질수록 고객과의 거리를 좁히는 형태의 콘텐츠

로 발전하는 것이 효과적이라는 점입니다.

세 번째 계단에서는 이처럼 가치 있는 정보를 제공함과 동시에, 본격적인 런칭을 암시하는 작업도 조심스레 진행할 필요가 있습니다. 이때는 지금까지 전한 콘텐츠 이외에, 더 많은 '무언가'가 있다는 것을 알려주는 방식이 흔히 사용됩니다. 제품의 경우 전체 기능 및 디자인에 대한 공개, 특징적인 기능을 소개하는 내용으로 관심을 이끌어낼 수 있습니다. 서비스의 경우 고객이 미처 생각하지 못했던 문제 요소들을 짚고, 그에 대한 해결책들이 모두 준비되어 있음을 알리며 본 서비스의 런칭을 암시할 수 있습니다.

이렇게 세 단계의 계단이 형성된 후 런칭이 이루어진다면, 구매 전환율이 획기적으로 올라가는 경험을 하실 수 있습니다. 물론 여기까지 읽고, 이런 의문이 사라지지 않을 수도 있습니다. "겨우 이렇게 세 개의 콘텐츠를 제공하는 것만으로 성공적인 런칭이 가능하다고요? 에이, 믿기지 않는데요?" 맞습니다, 믿기 힘드실 수 있습니다. 저도 이 기법을 처음 접하고 배웠을 때, 그 효과에 대해 반신반의했습니다. '한국에서는 통하지 않을 거야'라는 생각이 강했습니다. 그러나 여러분도 저처럼 실제로 이 방법을 통해 서비스를 런칭해보면 그 생각이 달라질 겁니다.

저뿐만 아니라, 저에게 이 기법을 배우고 실제로 적용한 수많은 수강생들이 성공적인 런칭 경험을 공유하고 있습니다. 이미 해외에서는 충분히 검증된 방법이니 속는 셈 치고 여러분의 사업에 적용해보시길 바랍니다.

CHAPTER 4

계단 콘텐츠에 담아야 하는
핵심 요소

•
＊
✸

이제 상품을 런칭하기 전 세 개의 계단 콘텐츠를 제작하기로 결심하셨다면, 고려해야 할 사항이 있습니다. 계단 콘텐츠에 어떤 내용을 담고, 어떻게 구성할 것인가를 생각해야 합니다. 할리우드 빌드업 테크닉을 통해 효과적인 런칭 결과를 만들기 위해서는, 반드시 다음 네 가지 사항들이 계단 콘텐츠에 잘 반영될 수 있도록 숙지하고 지켜주시기를 바랍니다.

자, 이제 첫 번째 사항부터 하나씩 설명해보도록 하겠습니다.

⑴ 문제 제기로 시작하여 해결책을 제공한 후, 다시 새로운 문제 제기로 끝맺는다

질문 하나를 하겠습니다. 마케팅을 못하는 마케터 그리고 세일즈를 못하는 세일즈맨이 가장 많이 저지르는 실수가 무엇일까요? 바로 '첫 만남부터 팔려고 한다'는 것입니다.

마케팅과 세일즈는 자고로 인간관계와 같습니다. 조금 더 이해하기 쉽게 말하면, 인연을 만나 사랑에 빠지는 과정과 유사하게 접근해야 한다는 얘기입니다. 이 책을 읽는 독자 중에는 결혼하신 분들이 있을 겁니다. 혹시 지금의 배우자와 처음 만나는 자리에서 다짜고짜 결혼하자고 설득하여 바로 부부가 되셨습니까? 이런 경우는 흔치 않을 겁니다. 길을 가던 중 처음 본 사람이 대뜸 다가와 결혼하자고 한다면 어떨지 한번 상상해보시기 바랍니다. 아마 당황스러울 뿐 아니라 그 사람이 매우 이상한 사람으로 보일 것입니다.

그런데 대다수의 마케팅이 이렇게 이루어지고 있습니다. 막대한 비용을 쏟아부어 광고한 후 고객을 어찌어찌 유입시켜서는, 바로 판매에만 혈안이 된 모습을 보입니다. 처음 만난 사람에게 결혼하자고 이야기하는 격입니다. 고객은 이 상품이 정말 필요한지, 왜 구매해야 하는지, 자기 삶에 정말 도움이 되는지 등 고민해야 할 것들이 아주 많습니다. 넘어서야 할 장벽들이 많다는 뜻입니다. 그런 사람에게 막무가내로 "저희는 이 상품을 정말 열심히 만들었고 그만큼 자신이 있으니 사세요!"라고 말하고 있는 것입니다.

짝사랑하는 상대를 연인으로 만들고자 할 때는 관계의 진전을 위해 밟아야 할 순서가 있습니다. 단둘이 만날 수 있는 자리를 만들기 위해 함께 아는 지인에게 부탁하거나, 용기를 내어 직접 말을 거는 등 작은 단계들을 착실히 거쳐 소정의 승리를 이뤄내야 합니다. 그렇게 첫 약속이 성사되어 만나게 되면, 다음 만남을 만들기 위해 노력하고, 그다음 만남에서는 또 다음 만남을 위해 노력해야 합니다. 이처럼 순차적으로 작은 승리를 쌓아나가야 최종적으로 원하는 목표에 도달할 수 있습니다. 그래야 두 사람 가까워지고, 마음에 문이 열리면서 사귀는 사이가 되고, 마침내 결혼까지도 바라볼 수 있는 것입니다.

고객에게 판매를 제안할 때도 이와 같은 접근이 필요합니다. 우연히 광고를 통해 유입된 고객에게 연락처를 받기 위해 노력하고, 연락처를 받은 후에는 여러분이 무료로 제공하는 정보를 읽어보도록 만들기 위해 노력해야 합니다. 다음으로 그렇게 무료로 정보를 제공 받은 고객이 시간을 내어 당신에게 상담을 받으러 올 수 있도록 애쓰고, 상담을 받은 고객이 비로소 구매를 할 수 있도록 그들에게 이득이 되는 구매 제안을 잘 제시해야 합니다. 이처럼 성공적인 판매를 위해서는 쌓아나가야 할 많은 단계가 존재합니다.

계단 콘텐츠를 제공하는 이유가 바로 이런 순서를 지키기 위함입니다. 첫 번째 계단 콘텐츠를 소비한 사람에게 우리가 판매하는 것은 상품이 아니라 두 번째 계단 콘텐츠입니다. 다시 말하자면, 두 번째 계단 콘텐츠를 보게 만드는 것이 첫 번째 계단 콘텐츠의 역할이고 목표입니다. 마찬가지로 두 번째 계단 콘텐츠의 역할은 상품 판매를 유도하는 것이 아니라, 세 번째 계단 콘텐츠를 보게 만드는 것입니다.

그렇다면 잠재 고객이 단계별로 준비한 계단 콘텐츠를 차근차근 소비하도록 만들기 위해서는 어떻게 해야 할까요? 계단 콘텐츠에서 단순히 정보만 덜렁 전달하고 끝내버리면 잠재 고객은 굳이 다음 콘텐츠를 봐야 할 욕구나 필요성을 느끼기 어렵습니다.

이것은 아주 중요한 포인트입니다. 각각의 콘텐츠 끝에

새로운 문제를 제기해 잠재 고객이 다음 계단 콘텐츠에 궁금함을 느끼고 소비하게끔 자연스럽게 유입을 유도하며 마무리해야 합니다. 세 개의 계단 콘텐츠는 모두 이런 구조로 설계돼야 합니다. 다음의 구체적인 사례들을 통해 이 구조를 살펴보면 이해가 더 쉬우실 겁니다. 각각의 사례는 첫 번째 계단 콘텐츠의 구성 방향을 보여줍니다.

예시 1

고급 외제차 판매업체에서 근무하는 딜러가 있습니다. 그는 잠재 고객에게 도움이 될 만한, 그들의 관심을 끌 만한 계단 콘텐츠를 다음과 같이 구성할 수 있습니다.

〈딜러들이 알려주기 꺼려 하는,
외제차 신차 '500만 원 이상' 이득 보고 사는 법〉

문제 제기

흔히 외제차는 딜러마다 할인율이 다르고 현금구매, 리스, 할부 등 구매 방식에 따라서도 가격이 천차만별이라는 사실을 알고 계실 겁니다. 그 이유가 무엇일까요? 여기 업계에서 공개하길 꺼리는 외제차를 적게는 500만 원, 많게는 1,000만 원 가까이 저렴하게 구매할 수 있는 방법을 알려드리겠습니다.

해결책 제공

외제차 구매 시 가장 합리적으로 사는 법은 바로 ○○을 활용하는 것입니다. … 이 4가지 방법을 통해 외제차를 합리적 가격으로 구입하실 수 있습니다.

새로운 문제 제기

자, 어떠신가요? 책자에서 소개한 4가지 방법을 활용하시면 외제차를 가장 합리적 가격대로 구매하실 수 있습니다. 그런데 이런 궁금증이 드실 겁니다. '당장 현금으로 전액을 지급할 수 없어 금융 상품을 이용해야 하는데, 어떻게 하면 유리한 조건의 금융 상품을 활용할 수 있을까?' 하고 말이죠. 안심하세요. 외제차 구매에 가장 적합한 금융 상품을 정리해 둔 자료가 있습니다. 금융사로부터 저희가 받는 인센티브조차 모두 공개했습니다. 그 자료를 원하신다면….

(예시 2)

스터디 카페 프랜차이즈 사업을 하는 경우 무인 사업 또는 오프라인 시설 사업에 관심이 있는 잠재 고객에게 접근하여 관련 정보를 제공할 수 있습니다.

〈무인으로 운영해도 '월 300만 원 순수익'이 가능한 스터디 카페 상권 조사 방법 A-Z〉

문제 제기

요즘 번화가부터 주거 지역까지 스터디 카페 매장 수가 빠르게 증가하고 있습니다. 스터디 카페는 키오스크를 두고 무인으로 운영할 수 있는 만큼, 부업으로 창업하려는 분들에게 아주 적합한 아이템입니다. 그만큼 경쟁 또한 치열해지고 있는 것이 사실입니다. 저희는 이 자료를 통해 실제 스터디 카페 프랜차이즈 기업에서 어떻게 상권을 분석하는지 그 노하우를 아낌없이 공개하고자 합니다. 개인적으로 창업을 준비 중인 분들에게 유용한 자료입니다.

해결책 제공

스터디 카페 입지 조사를 위해 활용할 수 있는 웹사이트와 데이터는 ○○입니다. … 이렇게 하신다면 원하는 지역의 상권을 철저히 분석하실 수 있습니다.

새로운 문제 제기

지금까지 설명한 모든 내용은 실제로 스터디 카페 ○○개 가맹점을 보유한 저희 ○○ 본사에서 사용하고 있는 기법입니다. 그런데 상권 분석을 통해 좋은 입지를 파악하셨다고 해도, 제대로 된 상가를 얻지 못하시면 입지는 무의미합니다. 스터디 카페는 일종의 공간 임대 서비스인만큼, 상가의 시설 상태와 계약 조건에서 꼼꼼히 따져봐야 할 것들이 많습니다. 이 부분에 대해서는 창업의 핵심 정보와 함께 무료 설명회에서 하나씩 살펴볼 예정입니다. 주말에 진행될 설명회에 참여를 원하신다면….

위 사례를 읽으며 느끼셨겠지만, 계단 콘텐츠는 잠재 고객에게 실질적으로 도움이 되는 정보를 제공하는 가치 있는 콘텐츠입니다. 고객에게 본인이 지닌 문제가 정확하게 무엇인지 확실하게 인지시키고, 그 문제에 대한 해결책을 제시해 신뢰를 끌어내야 합니다. 그러나 모든 해결책은 또 다른 문제의 뿌리가 되기도 합니다. 계단 콘텐츠의 마지막에는 이러한 새로운 문제의 씨앗을 심어 다음 계단 콘텐츠를 갈망하게 만들어야 합니다. 이와 같은 구조로 계단 콘텐츠의 내용을 설계한다면, 회사를 믿고 상품을 구매하게 되는 이른바 '구매 모드'로, 잠재 고객을 수월하게 전환시킬 수 있습니다.

(2) 구매 결정을 유도하는 '심리적 유인책'을 심는다

계단 콘텐츠에서 잠재 고객을 움직이게 만드는 심리적 유인책으로 다음과 같은 것들이 있습니다.

권위

세 개의 계단 콘텐츠에는 권위를 보여줄 수 있는 요소가 모두 들어 있어야 합니다. 여기서 말하는 권위란 '가치의 우위성을 인정하게 만드는 요소'를 뜻합니다. 여러분의 회사가 경쟁사에 비해 우수한 능력을 지니고 있고, 신뢰 가는 회사임을 보여줄 모든 장치를 의미합니다. 더 쉽게 설명하자면, 잠재 고객으로 하여금 '이 회사에서 이것을 사도 되겠다'라는 확신이 들도록 가치를 드러내는 것이라 하겠습니다.

검증 기관의 품질인증서 등을 어필하는 것도 권위를 증명하는 방법입니다. 'OO 분야 브랜드 대상' 등 입상 이력을 알리는 것 또한 소비자가 기업의 권위를 인지하도록 만드는 요소입니다.

물론 인증서나 수상 실적이 아니더라도, 권위를 증명할 요소는 아주 다양합니다. 사업 분야와 관련된 다양한 비하인드 스토리, 즉 상품의 연구개발 과정에서 있었던 특별한 일화나 사업을 시작하게 된 계기, 걸어온 발자취 등을 소개해도 무방합니다. 이미 고객에게 서비스를 제공한 경험이 있다면 누적 고객 수를 어필해도 좋습니다. 회사가 지닌 다양한 자료를 활용하여, 잠재 고객이 회사의 권위와 전문성을 체감할 수 있는 심리적 장치를 충분히 구상할 수 있습니다.

이 책의 초반부에서 제가 어떤 방식으로 여러분에게 권위를 나타냈는지를 떠올려보시길 바랍니다. 저는 지금까지 경험해온 것들과 달성한 성과에 관한 이야기를 솔직하게 털어

놓으면서, 앞으로 말씀드릴 이야기가 엉터리가 아니라는 믿음을 드리고자 했고, 나름대로 제 권위를 차근차근 쌓아가고자 했습니다. 책 앞부분을 다시 읽어보시면 힌트를 찾으실 수 있을 겁니다.

공감성

계단 콘텐츠에서 문제를 제기할 때는 고객의 공감을 불러일으켜야 합니다. '아! 나만 그런 게 아니었구나!' 하는 마음이 들도록 만들어야 한다는 뜻입니다. 스토리텔링을 가미해 전달하는 방법도 효과적입니다.

잠재 고객이 미처 의식하지 못한 문제이더라도, 일상생활에서 마주칠 법한 생생한 이야기를 활용하여 현실을 꼬집으면 관심을 효과적으로 끌어낼 수 있습니다. 회사의 경영자 또는 상품 개발자가 직접 겪은 경험담을 전달함으로써 공감을 불러일으킬 수도 있습니다. 공감은 고객의 감정 영역을 자극하는 장치입니다. 고객은 이성과 논리보다는 감정과 감성에 이끌려 여러분에게 온다는 사실을 늘 염두에 두고 콘텐츠를 설계해야 합니다.

사회적 증거

계단 콘텐츠에서 제공하는 정보가 정말 믿을 만할까? 이런 의문을 품은 고객에게 신뢰감을 줄 수 있는 요소를 찾아 넣어야 합니다. 무료 책자나 무료 강연에서 제시한 해결책을 통해 실제로 문제가 해결된 사례를 공유하는 것도 좋은 방법입니다. 다른 사람들이 이 해결책을 어떻게 적용하고 있으며, 어떤 결과를 얻었는지 보여주는 것은 강력한 사회적 증거입니다. 기존에 제품에 대한 긍정적 후기를 보유하고 있다면, 이를 사회적 증거로 제시할 수도 있습니다.

모아놓은 후기가 없더라도 사회적 증거를 만들 방법은 다양합니다. 하나의 예로 계단 콘텐츠를 만들 때 다른 사람 또는 기업과 협업하는 방법이 있습니다. 같은 문제를 겪거나 극복한 인사를 강의에 초청하여 이야기를 듣고 조언을 나누거나, 라이브 세미나에 관련 게스트를 초청하여 진행하는 방식을 고려할 수 있습니다.

이전 계단 콘텐츠에 대한 반응을 사회적 증거로 사용할 수도 있습니다. 첫 번째 콘텐츠를 제공한 후 해당 콘텐츠를 본 사람들의 반응을 수집하고, 그것을 두 번째 계단 콘텐츠에서 활용하는 것입니다. 이는 사회적 증거를 확보하기 위한 시간과 비용을 줄일 수 있어 아주 유용한 방법입니다.

희소성

희소성은 계단 콘텐츠 이후, 상품 판매를 진행하는 단계에서 세심하게 고려해야 하는 심리적 유인책입니다. 고객은 누구나 구매를 미루는 습관을 지니고 있습니다. 기간을 한정하거나 제품 수량을 제한하는 등 구매 결정을 빠르게 내리게 할 만한 외부 압력이 없다면, 다수의 고객이 구매 결정을 미루게 될 것입니다. 런칭 단계에서는 희소성을 체감할 수 있게 다음의 방식을 참고하여 고객을 독려할 수 있습니다.

- 특정 기간이 지나면 가격이 급격하게 인상됩니다! (가격 인상 예고)
- 특정 기간이 지나면 보너스로 제공하는 혜택이 없어집니다! (보너스 혜택 기간 한정)
- ○○월 ○○일 까지만 판매합니다! (기간 한정)
- 선착순 200분만 구매하실 수 있습니다! (인원 한정)

호혜성

앞서 '호혜성의 법칙'을 함께 살펴보았습니다. 일반적으로 인간은 상대에게 도움을 받았을 때 그것에 상응하는 무언가를 보답하고자 하는 심리적 압박감을 느낍니다. 이와 같은 인간의 심리적 특성을 유도하기 위해 세 개의 계단 콘텐츠는 충분한 '가치'를 지니고 있어야 합니다. 실제로 잠재 고객이 가지고 있는 문제를 해결하는 데 도움이 되어야 하고, 어디서나 흔하게 찾아볼 수 있는 정보보다는, 업계 종사자이기 때문에 알 수 있었던 팁 등 전문성이 더해진 정보일수록 좋습니다.

잠재 고객이 계단 콘텐츠를 통해 제공받은 정보에 가치를 느낄 때, 그리고 그것을 세 번이나 무료로 받았다고 느낄 때, '빚진 감정', '미안함' 등 해당 회사를 향해 감정을 느끼게 됩니다. 그리고 이러한 감정은 호의를 베풀고자 하는 고마움으로 바뀌게 됩니다. 이를 시작으로 고객은 당신의 회사에 마음을 열고, 나아가 회사와 상품의 팬이 될 수도 있습니다.

단, 이때 구매 자체가 중요한 것이 아닙니다. 고객마다 각자의 사정에 따라 당장 구매하지 못할 수 있고, 특히나 고가의 상품이라면 그러한 상황을 충분히 이해할 수 있어야 합니다. 고객이 진정으로 회사의 팬이 된다면, 언젠가 어떤 식으로든 그 고마움을 보답하려고 할 것입니다.

(3) 입소문을 낼 수 있는 대상자와 협업하고 제휴 관계를 구축한다

할리우드 빌드업 테크닉은 막대한 고객 DB나 다수의 팔로워를 보유한 소셜 미디어 채널이 없어도 폭발적인 수익을 만들 수 있는 마케팅 전략입니다. 앞서 저는 커뮤니티 활용, 온라인 디스플레이 광고 진행, 온라인 영업 등 첫 번째 계단 콘텐츠를 홍보하는 방법을 간단히 언급했습니다. 그러나 분명 커뮤니티 활동을 전혀 하고 있지 않거나, 소셜 미디어 활동에 익숙하지 않은 분들도 있을 것입니다. 또한 온라인 디스플레이 광고를 다루는 역량과 경험 부족으로 인해 비용을 들이고도 충분한 트래픽 유입을 만들어내지 못하고 있을 수도 있습니다.

그래서 저는 당장 비용을 들이지 않고도 계단 콘텐츠를 폭발적으로 확산시키는 방법을 공개하고자 합니다. 당신의 사업이 시장 내에서 어느 정도 자리를 잡았거나 이미 인지도가 쌓인 브랜드가 아니라면, 계단 콘텐츠가 노출되는 범위에는 한계가 있을 수밖에 없습니다.

이때 필요한 것이 바로 적절한 제휴입니다. 간단한 예로,

당신은 런칭할 상품과 연관된 주제를 다루는 블로거에게 계단 콘텐츠 소개를 요청하는 메일을 보내볼 수 있습니다. '거절하기 어려운 제안'을 하는 것이 좋습니다. 해당 블로그를 통해 들어온 고객이 최종적으로 상품을 구매할 경우, 수수료를 지급하는 제안을 제시할 수 있습니다. 판매할 상품의 가격을 대략적으로 책정하고, 충분한 제휴 수익을 제안하는 것입니다.

블로그 운영자 입장에서는 손해를 볼 것이 없습니다. 무료로 좋은 정보를 소개해주기만 하면 되니 말입니다. 당신이 열심히 만든 상품의 판매로 자신이 돈까지 벌 수 있다는데 거절할 이유가 어디 있겠습니까? 중요한 건 당신의 회사가 믿을 만한 업체라는 게 느껴질 수 있도록 제안 메일을 잘 쓰는 것뿐입니다.

기존 고객이나 협업 관계에 있는 기업과 적극적으로 제휴하는 방법도 있습니다. 프랜차이즈 업계의 경우, 기존 가맹점주가 신규 가맹점주를 소개해오면 해당 소개에 대한 수수료를 제공하는데, 이 방식을 적용할 수 있습니다. 기존 고객이 서비스에 만족하여 다른 고객을 소개하면 그에 대한 인센티브를 지급하는 것입니다. 물론 고객이 직접 상품을 소개하고 판매까지 끌어내는 일은 쉽지 않으므로, 계단 콘텐츠의 전달을 요청하는 등 비교적 가벼운 제안을 해볼 수 있습니다.

우호적인 관계를 맺고 있는 기업의 고객에게 계단 콘텐츠를 제공하는 방법도 있습니다. 해당 기업의 상품을 구매하는 고객에게 구매 혜택으로 당신의 계단 콘텐츠를 사은품처럼 주는 아이디어입니다. 제휴 기업 입장에서는 고객에게 추가적인 혜택을 주는 것으로 생색을 낼 수 있고, 당신은 계단 콘텐츠를 관심 있는 고객에게 도달시킬 수 있으니 좋습니다.

항상 이 사실을 명심하셔야 합니다. 협업과 제휴는 사업이 성장하기 위해 반드시 필수적인 과정이라는 것을 말입니다. '독고다이'를 외치는 기업은 장기적으로 자신의 한계를 결코 극복할 수 없습니다.

(4) 계단 콘텐츠의 전개와 런칭 후 판매는 각각 10일 이내의 기간에서 끝낸다

계단 콘텐츠를 제공하는 기간이 길어지면, 잠재 고객은 당신을 잊어버리게 될지 모릅니다. 첫 번째 계단 콘텐츠는 잠재 고객에게 기대감을 심어주는 역할을 합니다. 그들이 가진 문제를 해결할 수 있는 해답이 존재하며, 이번 기회에 문제를 극복하고 더 나은 삶을 살아보라고 이야기합니다. 큰 기대감을 주는 것입니다.

그런데 이 상태에서 두 번째 계단 콘텐츠가 두 달 후에나 제공된다고 생각해봅시다. 잠재 고객의 기대감은 이미 사라진 지 오래입니다. 당신을 잊고 문제를 그대로 지닌 채 다시 전처럼 살아갈 겁니다. 또는 다른 해결책 제공자를 만나 다른 방식으로 문제를 극복하려고 할지도 모릅니다. 후자의 경우 계단 콘텐츠의 기간 설정을 제대로 설정하지 못해 고객을 빼앗기게 되는 상황입니다.

제가 여러 차례의 실험을 해본 결과, 계단 콘텐츠 세 개의 발행은 7~10일 안에 이루어지는 것이 최적의 전환율을 만드는 데 효과적이었습니다. 런칭 후 상품을 판매하는 기간 역시 5일에서 7일 이내로 한정하는 것이 효과가 가장 좋았습니다. 판매 기간을 짧게 규정하는 이유는 앞서 이야기한 '희소성'을 강조하기 위함입니다. 실제로 짧은 기간 동안 판매를 진행하거나, 특정 기간 이후에는 가격 혜택 또는 보너스 혜택이 사라진다는 것을 강조해보시기 바랍니다. 기억하세요. 모든 고객은 구매를 주저하거나 미룹니다. 기한을 정해두지 않고 언제나 살 수 있도록 상품을 판매하는 것은 머뭇거리고 미루는 고객의 습관을 부채질할 뿐입니다.

이로써 당신은 '할리우드 빌드업 테크닉'이라는 새로운 마케팅 전략을 알게 되었고, 지금 하는 사업에 어떻게 적용할지 고민하기 시작하셨을 겁니다. 이제부터는 '더 큰 시장'을 노릴 수 있게 되었습니다.

시장에 존재하는 고객은 각자 다양한 상황에 놓여 있습니다. 당장 상품을 구매하고자 하는 사람도 있고, 당장 구매할 마음은 없으나 정보를 찾아보는 단계에 있을 수 있고, 아니라면 자신의 불편함만 인지한 상태에서 멈춰 있을 수도 있습니다. 지금부터는 더 많은 고객을 확보하고 경쟁사와 불필요한 가격 경쟁을 피하기 위해 다음 글에서 다룰 '더 큰 시장 이론'에 집중할 때입니다.

CHAPTER 5

3%가 아니라
97%의 시장을 보라

•
＊
✴

더 많은 세일즈 계약을 성사시키고, 더 많은 판매를 발생시켜 매출 성과를 늘리기 위해 무엇을 해야 할까요? 할리우드 빌드업 테크닉을 분석하고 계단 콘텐츠를 제작해 잠재 고객에게 제공하면 되지 않냐고요? 맞습니다. 하지만 동시에 시장을 바라보는 당신의 시각이 달라져야 합니다. 바로 경쟁사보다 '더 큰 시장'을 노려야 한다는 얘기입니다.

'당연한 이야기 아닌가?'라고 고개를 갸우뚱하실지도 모르겠습니다. 맞습니다. 그러나 흥미로운 사실은, 당신의 경쟁사 중 누구도 그렇게 하고 있지 않다는 것입니다. 제가 무슨 이야기를 하고 싶은 것인지 다음 그림을 통해 설명해보겠습니다.

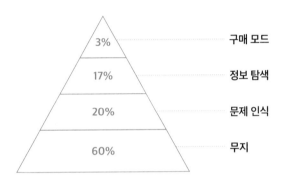

| 고객 피라미드

어떤 시장이든, 어떤 사업을 영위하든, 여러분의 고객은 위와 같이 네 가지 단계 중 하나에 속해 있습니다. 최상단 3%의 사람들은 지금 당장 구매하려는 '구매 모드'에 있습니다. 신문과 텔레비전, 온라인 디스플레이 광고와 검색 광고 등을 통해 "이런 제품(또는 서비스)이 있으니 사세요!" 하고 외치는 것은 이 3%의 사람들에게만 효과가 있는 마케팅입니다.

'구매 모드'에 있는 잠재 고객이 당신의 상품에 관심을 보이며 유입됐다면, 이들에게 상품을 파는 것은 다른 단계에 속한 사람들에게 상품을 파는 것보다 훨씬 쉽습니다. 이미 구매할 마음을 어느 정도 먹고 온 상태이기 때문입니다. 구매를 주저하게 만드는 몇 가지의 작은 불확실성만 해소해준다면 금방 판매가 발생할 것입니다.

문제는 당신과 당신의 경쟁사가 바로 이 3%의 '구매 모드' 고객만을 쫓고 있다는 데 있습니다. 설득하기 쉬운 3%만을 겨냥하면서, 그 작은 시장을 서로 잘게 나눠 먹고 있는 셈입니다. 오늘날 수많은 기업의 마케팅 현실입니다. 안타깝게도 당신의 마케팅 역시 이러한 상황일 가능성이 큽니다. 다시 말해, 고객 피라미드의 두 번째 단에서 네 번째 단에 속한 고객을 설득할 구조가 전혀 마련되어 있지 않다는 뜻입니다.

당연한 이야기지만, 3%의 고객에게만 집중해서는 높은 수익을 낼 수가 없습니다. 그럼에도 이들을 노리고 제작된 광고들이 무수히 많은데, 당신과 경쟁사의 마케팅을 찬찬히 떠올려보시길 바랍니다. 단기적인 매출 결과에 치중한 나머지, 구매 모드에 있는 '당장 상품을 구매할 고객'을 찾는 데만 혈안이 되어 있지 않은가요?

상품 판매를 독려하기 위한 상세페이지를 그럴듯하게 만들고, 고객이 검색할 만한 키워드에 광고비를 잔뜩 입찰하여 달아두는 마케팅, 모두 3%를 대상으로 하는 것입니다. 17%의 신중하게 '정보 탐색'만을 일삼는 고객은 당장 구매하지는 않아도 광고를 클릭하며 광고비 소진에 영향을 주고 있을 겁니다. 나중에라도 상품을 구매하면 좋겠지만, 정작 구매는 경쟁사에서 할 수도 있습니다.

이제는 피라미드 최상단 3%의 고객에게만 집중하는 전략에서 탈피해야 할 때입니다. 그렇지 않으면 경쟁사와의 마케팅비 출혈 경쟁만 극심하게 일어나 수익성은 저조할 수밖에 없습니다. 사업은 열심히 하는데 수익 자체가 충분하게 발생하지 않는다면, 문제는 바로 여기에 있을 수 있습니다.

솔직하게 말씀드리면, 제품력은 일정 수준 이상이면 충분합니다. 세일즈맨은 이미 계약할 마음이 충분한 고객이 찾아왔을 때 잘 설계된 세일즈 매뉴얼을 통해 계약을 성사시키기만 하면 됩니다. 사업 성과를 개선하기 위해서는 그 무엇보다 마케팅 전략에서의 변화가 이루어져야 한다는 얘기입니다.

수익성이 높은 고객을 확보하기 위해 당신이 접근해야 하는 영역은 바로 37%의 고객층, 바로 17%의 정보 탐색 고객

과 20%의 문제 인식 고객입니다. '이런 게 불편한데, 무엇이 잘못된 거지?' 혹은 '이런 걸 바꾸고 싶은데, 어떻게 해야 하지?' 하는 고민을 하면서 자신의 문제를 알고 있되, 적극적으로 행동에 나서고 있지 않은 잠재 고객인 것입니다.

그렇다면 피라미드의 최하단, 무려 전체 잠재 고객의 60%에 속하는 사람들은 어떨까요? 고전적인 피라미드 이론에 따르면, 이들은 다시 반으로 나뉩니다. 30%는 해당 문제를 인지하나 해결하고자 하는 의지와 관심을 갖지 않는 사람들이고, 나머지 30%는 문제가 있는지 조차 모르는 상태의 사람들입니다. 이 두 부류의 고객들 모두, 우리가 어떻게 접근하느냐에 따라 구매 고객으로 전환될 수 있는 충분한 잠재력을 갖고 있습니다.

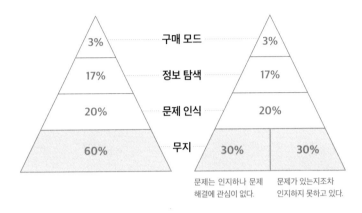

구매 모드	
정보 탐색	
문제 인식	
무지	

문제는 인지하나 문제 해결에 관심이 없다.

문제가 있는지조차 인지하지 못하고 있다.

'더 큰 시장 이론'을 이해하고 나면, 당신은 나머지 97% 의 고객을 위한 마케팅 구상의 필요성을 느끼게 될 겁니다. 다시 말해, 경쟁사들이 맹목적으로 돈을 쓰며 우매한 싸움을 하는 그 시간, 당신은 더 큰 시장에서 여유롭게 고객을 만들 수 있는 시스템을 구축해야 한다는 얘기입니다.

CHAPTER 6

"왜 사야 하나요?"
무엇이 필요한지 모르는 사람을
고객으로 만드는 법

·
·
✳

이제 막 골프를 시작한 B가 있습니다. B는 아직 초보이기에 실력이 부족한 것 외에 자신에게 별다른 문제가 없다고 생각하고 있습니다. 그러던 어느 날, B는 인터넷에서 우연히 이런 제목의 영상을 보게 됩니다.

'골프 스윙, 이렇게 치시면 3개월 후 100% 허리 디스크 옵니다.'

B는 호기심이 들어 해당 영상을 시청합니다. 그 영상은 '골프 자세 교정 코치'가 출연한 영상으로, 코치는 초보자들

이 자주 범하는 나쁜 골프 습관을 하나씩 보여주며, 반드시 교정이 필요하다는 사실을 강조합니다. 더불어 자신에게 맞는 골프용품을 쓰지 않으면 신체에 무리가 올 수 있어 위험하므로, 반드시 몸에 맞는 채를 사용해야 한다는 것도 잊지 않고 설명하고 있습니다.

이 영상을 보기 전까지 B는 앞서 살펴본 고객 피라미드에서 최하단, 즉 60%에 속하는 사람이었습니다. 골프를 하는 데 즐거움만 있을 뿐 '무엇이 문제인지 모르는 단계'였던 것입니다. 그러나 영상을 시청한 순간, 그는 자신의 문제를 인지하게 됩니다.

이전까지 B는 골프 자세 교정 레슨이나 몸에 맞는 골프용품의 구매 필요성을 전혀 느끼지 못했습니다. 그러나 영상을 통해 정보를 습득한 이후, 생각이 달라졌습니다. 자신의 스윙 자세를 의식하게 되고, 연습을 마친 후 허리가 아프진 않은지 신경 쓰기 시작합니다. 해당 영상에 나온 자세 교정 코치는 B에게 이미 신뢰와 권위가 형성된 상태입니다. 이후 몇 단계를 더 거치면, 그는 해당 코치에게 레슨을 받기 위해 연락을 취할지도 모릅니다. 자세 교정 코치는 겨우 영상 하나로 지금 당장 구매할 의사가 있는 3%의 고객뿐 아니라, 나머지 97%

까지 노릴 수 있는 마케팅을 한 것입니다.

이쯤에서 눈치가 빠른 분들은 알아차리셨겠지만, 아직 구매 모드에 있지 않은 97%의 잠재 고객에게 접근하는 가장 효과적인 방법은 그들을 '교육'하는 것입니다. 충분한 지식과 정보를 습득하지 못한 상태에서는 구매에 대한 확신이나 상품 판매자에 대한 신뢰를 갖기는 어렵습니다. 잘 파는 사람들이 하는 이야기로, '더 알수록 더 사고 싶어진다'라고 했습니다.

경쟁사 모두가 당장 팔아먹기 위해서만 혈안이 된 상황에서 당신만이 잠재 고객을 교육하는 접근을 택한다면, 이는 경쟁을 피하는 지름길로 가는 것과 같습니다. 문제를 인식하지도 못했던 고객은 당신이 설계해놓은 몇 단계의 콘텐츠를 거쳐 지식을 얻게 된 후 구매 모드에 도달할 것입니다. 이렇게 구매 모드에 다다른 고객은 다른 구매 대안을 떠올리기가 어렵습니다. 다른 경쟁사들은 해당 고객과 신뢰를 쌓는 과정을 밟지 않았기 때문입니다. 물론 이 접근이 효과가 있으려면, 당신이 제공하는 정보에 대해 스스로 확신이 있어야 하고, 고객에게 진정으로 도움이 되는 정보를 줄 수 있어야 합니다.

이와 같은 접근이 중요한 또 다른 이유는, 이것이 고객과 회사의 관계를 완전히 반전시킬 수 있는 계기가 될 수 있기 때문입니다. 일반적으로 사람들은 고객이 갑, 기업이 을이라고 생각합니다. 고객을 섬기고 그들에게 최선의 서비스를 제공해야 한다는 점에서는 이러한 생각이 옳습니다. 그러나 고객에게 필요한 정보를 주고 그들을 교육하는 접근법을 취한다면, 기업은 을이 아니라 고객에게 '진정으로 필요한 존재'가 됩니다. 기업이 고객을 쫓아다니는 것이 아니라, 고객이 기업을 쫓아다니게 만들 수 있다는 겁니다. 고객에게 구걸하듯이 마케팅을 해왔다면 이러한 접근을 깊게 생각해보셔야 합니다.

여러분과 함께 앞에서 살펴본 '할리우드 빌드업 테크닉' 역시 이러한 형태의 접근을 기반으로 하고 있습니다. 계단 콘텐츠는 잠재 고객을 교육하기 위한 수단이고, 각각의 단계를 통해 고객을 피라미드 하단에서 3%의 구매 모드 고객으로 전환하게 이끕니다. 하루아침에 갑자기 상품을 내놓는 것이 아니라, 내놓기 전부터 잠재 고객이 구매할 수 있는 상태가 되도록 미리 설득하는 것입니다.

다음 PART에서 조금 더 자세히 배워보겠지만, 마케팅 시스템은 아래와 같은 경로로 설계되어야 합니다.

관심 유발 ⇒ 교육 ⇒ 진단 ⇒ 행동 촉구

이쯤에서 제가 이 책을 쓴 이유를 진정 알게 되셨을 겁니다. 여러분은 이전까지 '우리 회사 마케팅팀은 문제없이 잘 돌아가고 있지!' 혹은 '계약 실적이 저조한데, 뭐가 문제일까?' 정도로 생각하고 있었을지 모릅니다. 단순히 저를 모르는 상태에서 제목에 이끌려 이 책을 읽고 계실 수도 있습니다.

어떤 단계에 속했든 지금은 이 책을 읽고 정보를 얻음으로써 '회사의 마케팅에서 이런 부분이 전혀 안 되어 있구나!' 하고 문제를 파악하셨을 것입니다. 저 역시 이러한 마케팅 전략으로 고객을 유치하고 있는 것입니다. 이미 아는 분들도 있겠지만, 저는 상당히 많은 무료 자료를 온라인상에서 배포하고 있습니다. 하나하나 가치 있는 정보를 담은 가이드북과 소책자 형태의 자료들입니다. 이러한 자료를 통해 마케팅 정보를 얻은 잠재 고객은 '포리얼(온라인상 저자의 닉네임)이 허튼소리를 하는 것은 아니구나'라는 생각으로, 방어적인 태도를 어느 정도 내려놓을 것입니다. 이것이 바로 가치 기반 마케팅 전략의 핵심입니다.

권위와 신뢰를 쌓는 일은 그다지 어려운 일이 아닙니다. 당신의 회사가 프랜차이즈 가맹본부라면, 예비 창업자들이 궁금해할 질문들이 올라오는 온라인 커뮤니티에서 성실하게 답변해주는 것만으로도 해결됩니다. 고깃집 창업을 고려하는 사람이 창업과 관련된 질문을 한다면 '우리 가맹점이 되세요!', '쪽지를 주신다면 도움을 드리지요'라고 다짜고짜 외치는 것이 아니라, 고깃집 창업에 진정으로 도움이 되는 핵심 정보를 아낌없이 베풀면 됩니다.

사실 이것이 말로는 쉽지만, 실제로 실행에 옮기는 사람들은 많지 않습니다. '이건 영업비밀인데, 다 알려주면 오히려 우리 사업이 위험해지는 건 아닐까?' 하는 생각이 들 수 있습니다. 또 한편으로는 경쟁사에게 도움이 되는 정보가 노출되는 것은 아닐까 하는 우려가 들 수도 있습니다. 그러나 이는 '지식의 저주'에 불과합니다. 당신이 아무리 정보를 제공하더라도, 잠재 고객에게는 사실은 꽤 막연한 정보일 뿐입니다. 전체적인 과정과 흐름을 꿰뚫고 있는 사람이 핵심 정보를 받아들이는 것과 초심자 입장에서 해당 정보를 받아보는 것은 하늘과 땅 차이이니 말입니다.

경쟁사도 마찬가지입니다. 당신이 가진 정보는 경쟁사도

알고 있을 확률이 높습니다. 고객들만 잘 몰랐을 뿐, 업계 사람들이 쉬쉬하는 팁 같은 것을 제공하면 됩니다. 만약 진정으로 경쟁 우위를 선점하게 만드는 핵심 기밀이 있다면, 그런 정보는 굳이 고객 교육에 쓸 필요가 없습니다. 오히려 고객에게는 큰 도움이 되지 않을 것입니다.

저 역시도 제가 지금까지 설명해온 이러한 마케팅의 본질적인 구조 자체가 매출을 올리는 핵심 내용이라 생각하지만, 이 책을 읽는 독자 중에는 '그래서 잠재 고객 리스트를 어떻게 모으는 거지?', '어떻게 거절할 수 없는 제안을 만들 수 있는 거지?' 하며 모든 단계 하나하나가 궁금하고 의문일 수밖에 없습니다. 심지어 마케팅에 대해 어느 정도 지식을 가졌다고 자부하더라도 이것을 제대로 이해하고 실행할 수 있는 회사는 손에 꼽기 때문에, 경쟁사를 의식할 필요도 없습니다.

다시 강조하지만, 당장 구매할 고객만 상대하겠다는 단기적인 안목으로 광고를 집행할 경우, 실제로는 구매할 마음도 없으면서 상담만 하는 고객으로 인해 피로도만 높아질 겁니다. 구매 가능성이 낮은 고객과 한참을 앉아 상담하는 것은 직원의 동기부여 측면에서도 좋지 않으며, 조직 전체로 볼 때도 시간과 비용의 낭비입니다. 가능성이 큰 고객을 선별하고 가치 있는 잠재 고객을 거를 수 있는 시스템이 반드시 필요한 이유입니다.

마침내 비즈니스 스테로이드 1단계가 끝났습니다. 잠재 고객을 구매 고객으로 전환하기 위해 그들을 설득하고 교육하는 단계가 필요하다는 것을 알려드렸고, 그 단계에서 고객에게 제시할 콘텐츠의 형태와 방식을 자세히 살펴보았습니다. 비즈니스 스테로이드 2단계에서는 한층 더 구체적으로 타깃 고객을 분석하는 방법과 큰 틀에서 세일즈 시스템을 구축하는 내용을 다룰 것입니다. 아직 스테로이드 1단계가 명확하게 머릿속에 그려지지 않는 분들은 다시 이 PART를 읽으며 이 약물에 적응하는 기간을 가지시기 바랍니다. 그럼, 스테로이드 2단계로 넘어가도록 하겠습니다.

BUSINESS
STEROID

비즈니스 스테로이드
2단계

365일, 24시간 작동할 판매 시스템을 구축한다

스테로이드 2단계에서 기억해야 할 핵심은 다음과 같습니다.

1. 잠재 고객과의 접점을 만들고 그들이 최종 고객이 될 때까지 설득할 수 있는 경로, 즉 '세일즈 퍼널'을 설계합니다.
2. 세일즈 퍼널 안으로 트래픽을 효과적으로 유입시킵니다.

우선 '세일즈 퍼널'에 대해 쉽게 설명해보겠습니다. 결론부터 이야기하면, 이 '세일즈 퍼널'은 앞에서 살펴보았던 '고객이 우리를 찾아오게 도와주는 계단'과 원리가 같습니다. (기억이 나지 않으신다면 '할리우드 빌드업 테크닉'을 잠시 떠올려보시길 바랍니다!)

잠재 고객과의 접점을 만들고, 그들 중 구매 가능성이 큰 고객을 걸러 실제 고객이 될 때까지 설득하는 방식을 '퍼널 마케팅'이라고 합니다. 영어 단어 '퍼널funnel'은 한국어로 '깔

때기'라는 뜻입니다. 즉, '세일즈 퍼널' 또는 '마케팅 퍼널'을 만든다는 의미는 상품에 관심을 두고 유입된 사람 중 구매자가 될 수 있는 이들을 단계적으로 설득하는 깔때기를 구축한다는 뜻입니다. 스테로이드 1단계에서 배운 내용을 바탕으로 세일즈 퍼널을 아래 그림과 같이 표현할 수 있습니다.

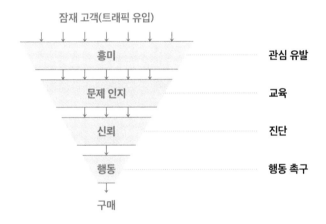

| 비즈니스 스테로이드 방법을 적용해 설계한 '세일즈 퍼널'

세일즈 퍼널이 설계되었다면 이곳에 잠재 고객이 들어와야 합니다. 아무리 좋은 설득 구조를 갖췄다 한들, 아무도 이

것을 보지 않으면 고객이 발생하지 않겠지요. 이 단계를 '트래픽traffic 유입'이라고 합니다. 온라인에서 돌아다니는 사람 모두가 트래픽이라고 보면 됩니다. 그들 중 일부가 당신이 만든 세일즈 퍼널로 들어오고, 단계에 따라 설득이 되어 고객으로 전환되는 것입니다. 세일즈 퍼널 설계와 트래픽 유입. 이번 PART에서 배우게 될 모든 내용은 이 두 단계를 최적화하는 전략입니다.

고객을 거르는 데 효과적인 세일즈 퍼널을 구축하는 일은, 여러분이 자는 동안에도 자동적으로 고객을 설득하는 든든한 세일즈맨을 육성하는 것과 다름없습니다. 심지어 이 세일즈맨은 24시간 365일 쉬지 않고 일하며, 당신의 사업 성장을 도와줄 것이기에 만들지 않을 이유가 전혀 없습니다. 그럼 세일즈 퍼널을 설계하는 방법에 대해 배워보겠습니다.

CHAPTER 1

당신의 진짜 고객은
누구인가?

.
✦
✸

"고객에 대한 남다른 통찰을 가진 것보다 강력한 마케팅 무기는 없다."

세일즈 퍼널을 만드는 과정은 당신의 고객이 될 사람들을 명확하게 이해하는 데에서부터 시작합니다. 앞서 세일즈 퍼널의 구조를 단순화한 그림을 보여드렸는데, 첫 단계가 '관심 유발'이었습니다. 아직 당신의 상품을 접하지 못했거나 문제를 인식하지 못해 구매로 이어지지 않은 고객의 관심을 자극해 유입시켜야 하는데, 그러기 위해서는 타깃 고객에 대한 정확한 분석이 필요합니다. 고객이 어떻게 하루를 보내는지, 무엇을 좋아하는지, 요즘 무엇 때문에 괴로워하는지 등 상세히 알고 있을수록 그들의 '관심을 유발할' 마케팅을 펼칠 수 있습니다.

고객을 이해하는 것은 잠재 고객 리스트, 이른바 고객 DB를 구축하는 데에도 필수적 요소이므로, 이 부분을 단순히 원론적인 내용이라고 속단하고 넘기지 마시기 바랍니다. 책의 분량을 늘리기 위해 억지로 추가한 것이 아니며, 지극히 실무적이고 실용적인 부분입니다.

이렇게 강조하는 이유는 대다수 마케터와 세일즈맨은 잠재 고객의 성별, 나이, 거주지 등 단순한 '호구조사' 정도로 '이미 고객의 니즈를 완벽하게 파악하고 있다'라고 착각하고 있기 때문입니다. 이들은 '우리 고객은 대략 30대에서 40대이고, 얼추 이러이러한 직업을 갖고 있으며, 그래서 이런 식의 행동을 할 것이고, 이런 걸 원하고 있을 거야!' 하고 상상의 나래를 펼칩니다. 심각한 문제는 이 상상을 사실이라고 믿어버린다는 데 있습니다.

고객을 직접 만나는 일 없이 회의실에 모여 자신들의 추측만 늘어놓고는 고객이 어떻게 행동할지 모두 이해했다는 듯이 마케팅을 시작합니다. 많은 회사가 이처럼 상상을 토대로 전략을 세우기 때문에, 실전에서 효과가 없는 마케팅을 하게 되는 것입니다. '호구조사' 수준으로 고객을 파악해서는 이들이 무엇을 원하는지 알았다고 보기 어렵습니다. 사실상 반도 이해하지 못했다고 보는 게 좋습니다.

그렇다면 무엇을, 어떻게 파악해야 할까요? 여기 고객의 니즈를 완벽하게 파악한 사례가 하나 있습니다.

지금도 그렇지만, 보험업계 간부들은 보험 세일즈맨 채용에서 항상 어려움을 겪어왔습니다. 세일즈맨의 퇴사율이 높기 때문입니다. 기껏 사람을 뽑아 교육해놓으면 며칠을 버티지 못하고 퇴사하는 경우가 많았습니다. 막상 일을 시작하니 적성에 맞지 않거나, 업무가 생각보다 힘들다는 등 원인은 다양했습니다. 문제는 세일즈 교육 기간이 짧지 않았기 때문에, 회사 입장에서는 비용을 들여 교육한 세일즈맨이 퇴사하는 것이 금전적, 시간적으로 큰 손실이었습니다.

지금 보험업계에 종사하시는 분들이라면 고개를 끄덕이며 읽고 계시겠지만, 이는 미국에서도 크게 다르지 않았나 봅니다. 그래서 미국에서는 보험업계 간부를 대상으로 한 보험 세일즈맨 채용 관련 세미나를 운영하는 회사들이 있었습니다. 업계 사람들에게 이 문제는 너무나 큰 스트레스였기 때문에, 세미나가 매우 고가임에도 참여자가 항상 있었습니다. 이 세미나를 홍보하는 광고 자료에는 보통 '보험 세일즈맨 채용에 스트레스가 많으십니까?', '막대한 비용을 쏟고 있지만 세일즈맨 채용이 잘 안돼서 어려움을 겪고 계십니까?' 같은 무난한 카피가 쓰여 있었습니다.

유명한 카피라이터이자 다이렉트 마케팅의 대가인 댄 케네디Dan Kennedy는 이 세미나에 교육자로 참여하여 수일에 걸쳐 교육을 진행하게 되었습니다. 인재 채용 역시 회사를 잘 홍보해야 가능한 영역이기 때문에, 효과적인 채용을 위한 홍보 자료를 제작하는 방법부터 카피라이팅까지 다양한 관련 강의를 담당했습니다. 댄 케네디는 세미나 중간중간의 쉬는 시간과 교육이 끝난 이후에도 세미나 참여자들을 끊임없이 관찰했습니다. 이렇게 고객들을 관찰하는 습관은 그를 최고 수준의 카피라이터로 만들어준 비결이기도 했지요.

사람들을 가만히 관찰하던 케네디는 이들 사이에서 한 가지 공통점을 발견할 수 있었습니다. 쉬는 시간이 주어져 대화를 할 수 있을 때면, 이들은 오로지 '골프' 이야기만 한다는 것이었습니다. 가본 골프장 중 가장 좋았던 곳이 어디인지,

언제 골프를 치러 가는 것이 좋은지, 세미나장 주변에는 어느 골프장이 좋은지 등등 이들의 관심사는 온통 골프에 꽂혀 있었습니다. 케네디는 골프가 이들에게 굉장히 중요한 일이라는 것을 인지할 수 있었습니다.

그는 이 세미나를 주관한 교육기관의 대표에게 이 사실을 알려주었고, 이들은 새로운 카피 문구를 만들었습니다. 그리고 그 카피가 담긴 광고는 이 회사에서 배포한 모든 광고 중 가장 효과가 좋았습니다. 헤드 카피는 다음과 같았습니다.

> "보험 세일즈맨 채용을 자동화하면
> 당신은 골프를 치러 필드에 나갈 수 있습니다."

이 사례를 보면 고객들이 표면적으로 느끼는 니즈가 아니라 진짜 마음속 깊은 곳의 니즈가 무엇인지를 파악하는 것이 광고의 성패뿐 아니라 매출에도 직결된다는 점을 알 수 있습니다.

댄 케네디의 이야기를 통해 잠재 고객을 이해한다는 것이 단순히 성별, 나이, 직업 정도를 파악하는 게 전부가 아니라는 걸 느끼셔야 합니다. '보험업계 간부들이 보통 40대 후반에서 50대 남성들이고, 영업을 했던 사람들이 대부분이기 때문에 이러이러한 걸 선호할 거야' 같은 고객 분석은 턱없이 부족합니다. 이 정도의 정보로는 경쟁자들과 똑같은 수준의 세일즈를 할 수밖에 없습니다.

지금 이 책을 지금 읽고 계신 분들이라면, 차별점을 갖고 경쟁자들보다 멋지게 사업을 운영하고 싶은 분들일 겁니다. 그렇다면 고객을 조금 더 깊게 이해하기 위한 작업을 충실히 해주시기 바랍니다.

단, 제가 이야기하는 '고객에 대한 깊은 이해'는 '고객이 될 수 있는 사람이라면 누구든지'를 이해하라는 의미가 아닙니다. 모두에게 사랑받는 상품은 없습니다. 당신의 서비스와 상품이 모든 사람의 문제를 해결하려고 하는 순간, 누구의 문제도 제대로 해결할 수 없게 됩니다. 그야말로 어중간한 상품이 되어버려 경쟁력이 떨어지는 사업을 운영하는 꼴이 될 것입니다.

당신은 매출의 큰 부분을 책임지는 '주요 고객'의 특성을 세심하게 파악해야 합니다. 앞서 언급했던 파레토 법칙을 떠올려보세요. 80%의 매출은 20%의 고객에게서 나옵니다. 이들 20%를 더 깊게 분석하는 것이 여기서 말하는 '고객에 대한 깊은 이해'입니다. 이 20%의 고객을 '이상적인 고객Ideal Client'이라고 부릅니다. 당신이 제공하는 상품에 가장 만족할 수 있는 이 20%의 고객에게 집중하면 당연히 시장 내에서 회사의 평판은 좋아지고, 회사의 신용도 또한 높아집니다. 브랜드 가치도 커질 수밖에 없습니다.

이러한 단계에 도달하면 고객들은 끊임없이 다른 고객들을 데리고 오고, 굳이 생각하지 않았던 나머지 80%의 고객들도 당신을 찾아오는 '고객 확장'이 일어나게 됩니다. 즉, 핵심 고객 20%에 집중하는 것이 장기적으로는 나머지 80%까지 고객으로 만드는 길이라는 것입니다.

예를 들어보겠습니다. 당신이 '수세미'를 파는 회사를 운영하고 있다고 하겠습니다. 물론 당신 상품에 관심을 보이는 사람들은 다양합니다. 혼자 사는 자취생부터 주부까지, 설거지를 한 번이라도 해봤거나 해야 하는 사람이라면 수세미는 필수 생활용품일 수밖에 없습니다. 좀 더 확장해서 생각해보면, 청소업체나 뒷정리 서비스를 제공하는 시공업체도 수세미를 구매할 고객이 될 수 있습니다.

하지만 이 모든 고객을 주요 타깃층으로 삼아 홍보할 필요는 없습니다. 아니, 그렇게 해서는 안 됩니다. 핵심 고객이 누구인지 명확하게 규정하여 그들만을 위한 홍보를 하면 고객 확장은 자연히 알아서 일어나게 됩니다. 그렇다면 핵심 고객이 무엇을 원하는지는 어떻게 알아볼 수 있을까요? 첫 단계는 일단 핵심 고객이 자주 사용할 만한 핵심 키워드와 검색 문구를 알아내는 것입니다.

업계의 종사자(경쟁사)가 검색할 만한 단어가 아니라, 진짜 당신의 고객이 될 사람이 검색할 단어와 문장을 조사해야 합니다. 어떤 단어와 문장으로 정보를 찾고 있는지, 업계에서 쓰고 있는 용어 또는 은어와 다른 점은 무엇인지 파악해야 합니다. 업계 용어를 내세워 고객과 소통하려는 것은 너무도 자주 일어나는 실수입니다.

영세 자영업자들이 마케팅 대행 서비스를 제공할 업체를 찾으려고 할 때, 그들은 어떤 문구를 검색해볼까요? '온라인 마케팅', '블로그 마케팅 잘하는 법', '샐러드 가게 마케팅' 등은 검색하겠지만, 'ROAS 전환 분석' 같은 키워드를 검색하는 경우는 거의 없을 겁니다. 이와 같은 지식의 저주는 저도 자주 빠지는 실수이기에, 조심하시라는 당부의 말을 전하고 싶습니다.

온라인상에서 업계 사람이 아닌 '진짜 고객'이 검색할 만한 키워드를 최대한 찾아보고, 이러한 키워드를 바탕으로 아래와 같은 스텝을 밟아보시길 바랍니다.

1. 구글, 네이버, 다음 등 검색엔진으로 해당 키워드를 검색하여 나오는 웹페이지에서 각종 반응을 살핍니다.
2. 유튜브와 블로그를 포함한 소셜 미디어에서 해당 키워드 관련 콘텐츠의 댓글을 자세히 살핍니다.
3. 관련 서적이 다루고 있는 주요 주제와 목차, 카피 등을 살피고, 책의 후기를 면밀히 확인합니다.
4. 쇼핑몰의 리뷰는 높은 평점부터 낮은 평점의 것까지

두루 살핍니다.

5. 관련 커뮤니티 사이트 또는 온라인 카페에서 주제와 관련된 게시글의 반응을 확인합니다.

위 스텝을 밟아 나갈 때 고객들이 어떤 대화를 나누는지, 어떤 부분이 불만족스러워 해당 상품을 찾거나 구매하는지, 어떤 점에 만족하고 어떤 점을 아쉽게 생각하는지, 구매 전 어떤 고민을 하고 어떤 질문을 하는지, 그들이 사용하는 단어와 업계 용어 간에 서로 괴리는 없는지 등등 꼼꼼히 관찰해 보세요. 그리고 살펴본 내용을 바탕으로 얻게 된 정보를 아래 네 가지 영역으로 나누어 정리하는 것이 좋습니다.

- 고객이 상품을 사용할 때 만족하는 영역
- 고객이 상품을 사용할 때 불만족한 영역
- 구매를 주저하게 만드는 요인
- 고객의 라이프 스타일(혹은 추구하는 라이프 스타일)

이는 이상적인 고객상을 구축하고, 시장 안에서 당신의 상품을 차별화하기 위한 가장 기초적인 조사라고 할 수 있습니다.

이쯤에서 전하고 싶은 말이 있습니다. '이상적인 고객'이 어떤 사람인지 처음부터 완벽하게 구축할 수는 없습니다. 다만 이미 사업을 운영하고 있다면, 현재 존재하는 고객 중 매출 기여도가 높은 고객을 관찰하는 것이 시작점이 될 수 있습니다. 그들 사이에 유의미한 공통점이 있다면, 그것부터 주의 깊게 살펴보면 됩니다.

반면 사업을 준비하고 있거나 아직 고객 수가 많지 않다면, 앞서 조사한 내용을 바탕으로 이상적인 고객상을 스스로 찾아야 합니다. 이 과정은 마치 땅 아래에 깊이 묻힌 유적지를 발굴하는 과정과도 같습니다. 모래를 걷어낼수록 모습을 드러내는 유적지처럼, 고객에 대한 이해도를 높일수록 이상적인 고객상이 점점 선명하게 나타나기 시작할 것입니다. 당신의 고객상이 명확해질수록, 기업 가치도 함께 높아질 것입니다. 이 사실을 명심하시기 바랍니다.

CHAPTER 2

이상적인 고객을 찾기 위한
다섯 가지 질문

단순히 이상적인 고객상을 그려보자고 하면, 매우 막연하고 추상적으로 느껴질 수 있습니다. 그래서 저는 이 작업을 돕기 위해 다섯 가지 핵심 질문을 뽑았습니다. 제가 마케팅 대행 업무를 할 때도 가장 먼저 분석하는 것들이므로, 반드시 여러분의 사업에서 해당 질문에 대한 답을 성실히 찾아보시길 권합니다.

(1) 이상적인 고객은 무엇을 가장 열망하고 있는가?

"고객은 드릴이 아니라 구멍을 뚫기 위한 도구를 원한다."

고객이 진정으로 원하는 잠재적인 니즈를 파악하지 못하면, 상품의 오류에 빠져버리고 맙니다. 여기, 드릴을 구매하러 온 고객 A가 있습니다. 고객에게 "드릴을 구매하는 용도를 알 수 있을까요?"라고 질문을 던져보았습니다. 그러자 A는 "벽에 그림을 걸려면 구멍을 뚫어야 해서요"라고 답했습니다.

《마케팅 상상력Marketing Imagination》의 저자이자 하버드 비즈니스 스쿨 교수인 시어도어 레빗Theodore H. Levitt은 "고객은 4분의 1인치 드릴을 사고 싶어 하는 것이 아니라, 4분의 1인치 구멍을 사고 싶어 하는 것입니다!"라고 이야기했습니다. 그는 덧붙이기를, 드릴 제조사에서 자신들의 사업이 구멍 뚫는 도구가 아닌 말 그대로 '드릴'을 제조하는 것이라고 굳게 믿게 된다면, 포켓 레이저처럼 구멍을 뚫는 도구가 나타나면 사업이 중대한 위기에 빠질 수 있음을 지적했습니다.

만약 같은 질문을 받은 고객 B가 이런 답변을 했다면 어떨까요? "드릴 끝에 솔을 달아 타이어의 녹슨 부분을 좀 제거하려고요." B는 구멍을 위해 드릴을 구매하는 것이 아닌 겁니다.

《단순한 사고의 힘 5W1H》의 저자 와타나베 고타로는 위 사례를 들어, 본질에 가까운 질문을 던지는 것에 대한 중요성을 강조했습니다. 만약 점원이 단순히 "어떻게 오셨나요?"라고 질문을 던졌다면, 고객 A와 B 모두 "드릴을 구매하러 왔습니다"라고 대답했을 것입니다. 그러나 제품으로 무엇을 하려고 하는지 질문을 던지면 고객은 각자 자신의 숨겨진 니즈를 이야기하게 됩니다. 그리고 그 니즈가 당신이 미처 생각하지 못했던 지점일지도 모릅니다.

고객이 진정으로 열망하는 것이 무엇인지 파악하는 일은 그 무엇보다 중요합니다. 경영학에서 제품 중심적 사고를 조심해야 한다는 깨달음을 준 또 다른 사례가 있습니다. '더 나은 쥐덫의 오류Better Mousetrap Fallacy'를 탄생시킨 미국 울워스Woolworths Limited사의 이야기입니다.

울워스사는 멋진 쥐덫을 개발했습니다. 디자인적으로 세련됐으며, 세척해서 재사용이 가능한, 기존의 제품보다 발전된 형태를 띤 제품이었습니다. 투박한 디자인의 구식 쥐덫과는 차별되었기에 초반에는 잘 팔리는 듯하였습니다. 그러나 울워스사는 고객들이 원하는 것은 '쥐덫'이 아니라 '쥐를 잡는 것'이라는 사실을 미처 고려하지 못했습니다. 고객들에게 한 번 쓴 쥐덫을 다시 사용하기 위해 죽은 쥐를 제거하고 세척하는 일은 무척 불쾌한 경험이었습니다. 그렇다고 울워스사의 쥐덫은 한 번만 쓰고 버리기에는 가격으로나 디자인으로나 아깝게 느껴지는 제품이었습니다.

그렇다면 쥐가 좋아하는 향을 내는 가루약이 있다면 어떨까요? 이 약은 복용 후 서서히 효과가 나타나도록 만들어져, 이를 먹은 쥐는 조용히 자신의 서식지에서 죽음을 맞이하게 됩니다. 이러한 약이 나온다면 더 발전되고 비싼 쥐덫을 구매할 필요가 없어질 겁니다. 고객은 쥐덫을 원하는 게 아니라 '쥐의 박멸'을 원하는 것이니까요. 즉, 실제 고객이 하는 행동의 숨겨진 의도를 파악해야 한다고 이야기하는 겁니다. 당신의 이상적인 고객들은 남몰래 무엇을 열망하고 있나요? 당신은 이것을 파악해야 합니다.

고객이 품은 열망이 무엇인지 파악했다면, 당신의 상품을 사용했을 때 그 열망이 어떻게 충족될 수 있는지도 보여주어야 합니다. 결국 고객이 돈을 쓰는 이유는 수단을 구매하기 위해서가 아니라, 원하는 '결과'를 얻기 위해서입니다. 당신 또한 단순히 '종이로 이루어진 책'을 얻기 위해서가 아니라, 매출 증가 또는 사업 성장이라는 결과를 얻기 위해 이 책을 구매한 것처럼 말입니다.

앞서 말했던 보험업계 간부들에게 효과적이었던 헤드 카피를 떠올려보세요. 보험업계 간부들이 남몰래 열망하는 것이 무엇이었습니까? 그들에게 매우 중요한 것이 '골프'라는 것을 파악하는 순간, 매출 증가에 엄청난 영향을 미쳤습니다. 그 단순한 사실 하나가 말입니다. 그들이 원하는 건 채용 스트레스를 덜고, 시간을 확보하여 골프를 치러 가는 것이었습니다. 고객의 열망을 파악했기 때문에 '보험 세일즈맨 채용이 자동화되면 당신은 골프를 치러 필드에 나갈 수 있습니다' 같은 최고의 실적을 끌어낸, 기발한 광고 카피가 나올 수 있었던 것입니다.

고객의 숨겨진 열망을 정확하게 알아차린다면, 이후에 만들 미끼 콘텐츠와 리드 생성용 웹페이지, 그리고 세일즈 과정에서의 커뮤니케이션이 아주 수월해집니다.

(2) 이상적인 고객은 매일 무엇을 고민하고 있는가?

- 결혼식 전까지 체중을 5kg 이상 감량하고 싶어요.
- 한 달 안에 집을 처분해야 하는데 시세보다 높게 팔고 싶군요.
- 법적 분쟁에 휘말렸는데 일이 바빠서 신경 쓸 여력이 없습니다.
- 프랜차이즈 가맹점을 늘리고 싶은데 영업 조직이 없어요. (저를 찾아오는 고객들이 주로 느끼는 고민입니다.)

인생은 원래 문제의 연속입니다. "내 삶에는 문제가 전혀 없다!"라고 말할 수 있는 사람은 아마 없을 겁니다. 사람은 누구나 저마다의 고민과 걱정을 안고 살아가고 있고, 당연하게도 이를 해결하고 싶어 합니다.

기본적으로 사업은 사람들이 가진 불편함, 고통, 근심을 해결해주고 그 비용을 받는 것입니다. 즉, 당신의 상품이 누군가에게는 골치 아픈 문제를 없애줄 '해결책'인 것입니다. 사실 생각해보면 비용을 지불하는 것 또한 고통입니다. 돈을 쓰는 것은 곧 '금전적 손실'을 의미하며, 인간은 누구나 손실에 대해 큰 압박감을 느끼게끔 프로그래밍되어 있으니까요. 그럼에도 사람들이 돈을 지불하고 상품을 구매하는 이유는 무엇일까요? 이유는 간단합니다. 돈을 쓰며 발생하는 손실의 고통보다, 현재 직면한 문제로 인한 고통이 더 크기 때문입니다.

문제로 인한 고통의 크기는 사람마다 다릅니다. 누군가에게는 다이어트가 생존에 직결된 문제일 수 있고, 누군가에게는 가벼운 열망이나 혹은 '안 해도 상관없지만 하면 더 좋은 것'일 수 있습니다. 확실한 것은, 결국 해당 문제로 더 큰 고통과 근심을 느끼는 고객일수록 당신의 상품을 구매할 가능성이 더 높아지고, 지불하고자 하는 비용의 규모도 더 커진다는 것입니다.

바로 이들이 당신의 이상적인 고객이 될 수 있습니다. '지불해야 할 가격이 높더라도 문제를 해결하고자 하는 열망이 큰 고객'이니까요. 그들이 가려워하는 부분이 어디인지를 정확하게 짚어내고, 그 지점만 긁어주면 그들은 만족하며 당신에게 기꺼이 돈을 지불할 것입니다.

고객이 진정으로 불만스럽게 느끼거나 고민하는 문제, 고통을 주는 일이 무엇인지 세심히 조사하시기 바랍니다. 기존 구매자들의 후기, 커뮤니티 사이트의 반응, 소셜 미디어 콘텐츠의 댓글을 살펴보는 것뿐만 아니라, 고객과 직접 만나 대화하는 대면 조사도 가능하다면 적극적으로 활용해도 좋습니다. 이 작업은 추후 카피를 작성하는 데도 유용하게 쓰일 것입니다. 한번 생각해보세요. 지금 자신이 겪고 있는 고민을 똑같이 겪었던 사람이, 이제는 그 고민을 훌훌 털어버리고 행복한 표정으로 이야기하는 영상을 보게 된다면 어떨까요? 고객은 당연히 당신에게 끌릴 수밖에 없습니다.

(3) 이상적인 고객은 어디에서 시간을 보내는가?

다음으로 당신의 이상적인 고객들이 주로 어디에서 활동하고 어디에서 시간을 보내고 있는지를 파악해야 합니다. 이는 당신이 제작한 미끼 콘텐츠를 어디에 공개해야 할지, 그 완벽한 장소를 찾는 데 도움이 됩니다. 온라인과 오프라인 차별 없이 주요 활동 장소를 모두 알아내도록 노력해야 합니다.

'이상적인 고객들은 유튜브를 본다'는 좋은 접근이 아닙니다. 보다 구체적으로 파악해야 합니다. '유튜브에서 △△채널과 □□채널을 주로 본다' 정도면 조금 더 구체적이고 실질적인 접근이라 할 수 있습니다. '네이버 카페를 많이 방문한다'가 아니라 '부동산 경매 스터디 카페에 주기적으로 글을 올리고, 스터디 모임에 정기적으로 참여한다'가 되어야 한다는 얘기입니다. 같은 예로 '이상적인 고객은 야외 활동을 즐긴다'에서 그치는 것이 아니라 '수도권에 있는 북한산, 관악산 등지로 주말마다 등산을 간다'라고 파악할 수 있어야 합니다.

이렇게 확보된 정보는 바로 다음 질문과 함께, 당신이 고객과 접점을 만들 최적의 장소를 파악하는 데 큰 힌트가 될 것입니다.

(4) 이상적인 고객은 주로 어디에 정보를 얻는가?

이상적인 고객이 필요한 정보를 얻을 때 주로 어디를 방문하는지 알아야 합니다. 고객은 저마다 자신들이 신뢰하고 애용하는 정보의 출처가 있습니다. 누군가는 매달 구독하는 업계 정보지에서 혹은 자신이 속한 커뮤니티 사이트에서 필요한 정보를 얻습니다. 그 밖에도 신문, 잡지, 도서, 포털 사이트, 온라인 카페 등 고객이 정보를 접할 수 있는 곳은 다양합니다.

이와 관련하여 성공적인 광고 성과를 낸 제 경험을 이야기해보겠습니다. 제가 요양센터 프랜차이즈 사업을 할 때입니다. 2017년 요양센터 가맹점을 모집하고 있을 때, 가맹점주 모집을 위한 광고를 어디에 게재하는 게 좋을지 한참 고민했었습니다.

요양 사업에 어떤 사람들이 관심을 느끼고 창업하는지를 알아보기 위해, 당시 운영 중이던 신규 요양센터를 방문하여 이야기를 청해보았습니다. 물론 문전박대를 당하는 일도 있었으나, 꽤 많은 곳에서 자신들의 경험과 애로 사항을 공유해주었습니다. 그 결과, 당시 요양원을 새로 개업한 분 중에는 이전에 학원을 운영하거나 유치원 또는 어린이집을 운영하던 원장님이 꽤 많다는 사실을 알 수 있었습니다. 어떻게 보면 저는 이상적인 고객상을 대략적으로 파악하게 된 것입니다.

생각해보면 돌봄의 대상이 달라질 뿐 학원·유치원·어린이집 운영과 요양센터 운영은 유사한 부분이 많았습니다. 더욱이 원장님 중에는 사회복지사 자격증을 취득한 경우가 꽤 있었습니다. 요양센터를 창업하기 위해서는 사회복지사 자격증을 직접 보유하고 있거나 자격증이 있는 사람을 고용해야 했는데, 덕분에 이러한 진입 장벽도 쉽게 해결될 수 있어 보였습니다.

저는 학원 원장님 중 원생이 줄어 운영에 스트레스를 겪고 있는 분들이 업종 전환을 고려할 수 있도록 광고를 내자고 제안했습니다. 이때 사교육계 종사자들을 대상으로 관련 정보를 발행하는 한 잡지를 알게 되었습니다. 이 잡지는 당시 전국 6만 개 이상의 학원에서 구독하는 잡지였기에, 광고를 실을 가치가 충분하다고 판단했었습니다. 해당 잡지에 요양센터 창업에 관한 정보를 담은 광고를 2회 게재했습니다. 동시에 온라인에서는 학원 원장님들이 교육용 자료를 제공받기 위해서 자주 접속하는 네이버 카페 몇 군데를 선별하여 광고를 올리기 시작했습니다.

헤드 카피는 '매달 줄어드는 원생 수에 스트레스를 받고 계신가요?'였습니다. 이 역시 요양 사업으로 업종을 전환한 연유를 듣고 만든 문구였습니다. 업종을 바꾸게 된 계기를 물을 때마다 공통적으로 '매달 학생들이 줄어들 때 스트레스가 너무 컸다'라는 답변을 들었기 때문입니다. 덧붙여 고령화 시대의 인구구조 변화로 줄어들고 있는 학생 수와 늘어나는 어르신 인구를 비교하는 자료, 그리고 학원과 유사한 시스템으로 관리되는 요양센터 운영에 대한 정보를 담았습니다.

광고는 실제로 효과가 좋았습니다. 원장님들로부터 가맹 상담 문의가 계속해서 들어왔고, 현재 운영 중인 학원에서 업종 변경이 가능한지 방문하여 상담해달라는 분들도 있었습니다. 한 달쯤 후에는 학원 원장님만을 대상으로 한 사업설명회를 개최할 정도였으니, 광고가 효과적이었다고 자신 있게 이야기할 수 있습니다.

이후 저는 유치원이나 어린이집을 운영하는 분들에게도 요양센터 창업을 알리고자 전략을 세우기 시작했습니다. 그 분들이 신뢰하는 정보의 출처는 청소년을 대상으로 한 보습학원 원장님의 경우와 달랐습니다. 그래서 전혀 다른 매체에 완전히 다른 카피로 광고를 냈습니다. 타깃이 유사해 보이더라도 정보를 얻는 경로의 차이에 따라, 마케팅적 접근을 달리해야 하는 것입니다.

당신도 이상적인 고객상을 설정했다면, 그들의 활동 영역과 신뢰하는 정보의 출처를 명확하게 조사하세요. 고객과 신뢰를 구축하며 다가가는 마케팅을 시작하기 위해 아주 중요한 과정입니다.

(5) 이상적인 고객은 어떻게 하루를 보내는가?

"월요일 아침의 그와 금요일 밤의 그는 전혀 다른 사람이다."

현명한 마케터라면 반드시 기억해야 할 사실입니다. 사람은 누구나 감정에 영향을 받습니다. 그리고 감정은 시시각각 달라집니다. 그렇기에 이상적인 고객의 일과가 어떻게 이루어졌는지, 그들의 아침과 오후, 그리고 밤은 어떻게 다른지, 그들의 월요일과 주말은 어떻게 다른지 비교하고 파악할 수 있어야 합니다. 이것만으로도 마케팅 계획을 세우는 데 많은 힌트를 얻을 수 있습니다.

이메일을 언제 발송하는 것이 좋을지, 하루 중 언제 문자 메시지를 보내야 가장 읽을 확률이 높을지, 언제 전화 상담을 해야 설득하기에 더 효과적일지, 어떤 타이밍에 소셜 미디어 콘텐츠를 공개하고, 어떤 타이밍에 푸시 알림을 보내는 것이 좋을지 등등 이 모든 것은 고객의 하루를 구체적으로 그려보는 것에서부터 시작할 수 있습니다.

저의 경우, 보통 타깃 페르소나를 설정할 때 그 페르소나의 일과를 구체적으로 그려보는 작업을 하곤 합니다.

이러한 작업을 통해 이상적인 고객의 하루가 어떤지 구체적으로 추정해보고, 이를 바탕으로 마케팅 전략을 세워볼 수 있습니다. 상상에서 시작하지만, 실제 고객을 만나면 더 구체화할 수 있습니다. 다음과 같이 고객의 일과가 예상됐다면, 저는 우선 중요한 메일을 보낼 때는 평일 아침 8시 35분 내외로 예약 발송을 걸어둘 것입니다.

〈○○의 월요일 예상 일과〉

오전 6시 30분:
알람에 맞춰 기상한다.
기상 직후에는 캡슐커피 한 잔을 내려 마신다.

6시 45분:
샤워를 하고 빵으로 간단하게 아침식사를 한다.

7시 30분:

옷을 입고 집을 나선다.

현관 앞 우편함을 확인하고 우편물을 가방에 넣는다.

7시 50분:

지하철역에 도착한다.

지하철을 기다리면서 인터넷 뉴스를 살펴본다.

8시:

지하철에서 유튜브를 통해 주식,

부동산 등 재테크 관련 정보를 본다.

8시 40분:

회사에 도착하자마자 컴퓨터를 켜고 메일함을 먼저 확인한다.

지금까지 함께 읽어온 다섯 가지 핵심 질문에 모두 답하는 데에는 꽤 많은 시간이 걸릴 수 있습니다. 물론 '상품 개발하랴, 고객 관리하랴, 눈앞에 시급히 처리해야 할 일이 많은데 이걸 하고 있는 게 맞는 건가…' 하고 생각하실 수도 있습니다. 충분히 이해합니다. 그러나 이 작업은 사업을 준비 중인 분들만이 아니라, 이미 사업을 운영하는 분들에게도 매우 중요합니다. 저는 이 작업이 당신과 당신을 찾아올 고객을 다시 이해하는 계기가 되리라 믿어 의심치 않습니다.

이 단계에서 시간을 할애하는 것이 단기적으로는 손해처럼 보일 수 있습니다. 그러나 사업가는 장기적인 수를 두는 사람입니다. 지금의 조사가 미래에 어떤 효과를 불러들일지 내다볼 수 있어야 합니다. 다섯 개의 질문에 대한 답이 완벽하게 나올수록 추후 마케팅 작업이 수월해집니다. 광고 카피를 구상하거나 미끼용 콘텐츠를 제작할 때, 웹사이트의 헤드 카피를 쓸 때도 반드시 도움이 됩니다. 고객이 명확하게 그려지기 때문에 전체 기획의 방향이 잡히니 불필요한 일을 줄이고 시간을 아낄 수도 있습니다. 마케팅 결과 또한 좋아질 수밖에 없고요. 고객에 대한 남다른 통찰을 가진 것보다 강력한 마케팅 무기는 없습니다. 이를 늘 잊지 않으시길 바랍니다.

CHAPTER 3

미끼 뿌리기: 상품을 팔지 말고 호감을 선물하라

미끼란 상품을 구매할 가능성이 큰, 언젠가 고객이 될 사람을 찾아내기 위한 도구를 의미합니다. 온라인에 존재하는 수많은 사람 중에서 잠재 고객을 알아보고, 그들이 손을 들게 만드는 수단이라고 보면 됩니다. 미끼는 기본적으로 잠재 고객에게 도움이 될 수 있는 '무언가'입니다. 무료 책자나 샘플용 제품일 수 있고, 할인 쿠폰일 수도 있습니다. 무료로 제공하는 상담 또한 미끼라고 할 수 있습니다.

미끼는 고객이 특별히 지불하는 비용이 없다는 측면에서

마치 '무료'로 제공되는 것처럼 보입니다. 그러나 잘 생각해 보면 결코 무료가 아닙니다. 미끼를 얻기 위해 고객은 자신의 정보를 제공해야 합니다. 즉, 미끼는 당신이 고객 DB를 확보할 수 있는 수단이기도 합니다. 잠재 고객은 자신에게 필요한 정보를 얻기 위해 당신과 접점이 생길 수 있는 정보를 제공하니, 사실상 당신은 '연락처'를 받고 '미끼'를 판매하는 것입니다.

역으로 이야기하면, 미끼를 제공하는 것도 일종의 엄연한 판매 활동입니다. 그러니 상품을 판매할 때처럼 접근해야 합니다. 미끼를 만들 때도 고객이 가치를 느낄 수 있도록 그들에게 도움이 되는 것을 제공해야 한다는 원칙을 잊어서는 안 됩니다. 미끼 역시 돈을 받고 파는 상품처럼 정성을 들인다면, 고객과의 신뢰 구축이 한층 빠르게 이루어질 수 있습니다.

좋은 품질의 미끼는 다음 만남을 기대하게 만드는 소개팅과 같습니다. 소개팅을 할 때 첫 만남 5분이 중요하다는 사실에 공감하실 것입니다. 첫인상이 좋다면 상대와 연애를 시작하고 진지한 관계가 되면 어떨까를 상상하게 됩니다. 그렇지 않다면 굳이 그다음을 기약하고 싶은 마음이 사라질 겁니다.

마케팅도 똑같습니다. 미끼는 고객의 머릿속에 기업에 대한 긍정적인 이미지를 심어줄 수 있습니다. 고객이 기업과 향후 더 다양한 거래를 이어가도록 포문을 열어주는 역할을 하는 것입니다.

무료로 미끼를 제공하는 것도 엄연한 거래인만큼, 서로 대가를 주고받으면서 고객과 기업 사이에는 '거래 경험'이 쌓입니다. '거래 경험'은 고객과의 거리를 좁히는 아주 중요한 열쇠입니다. 처음 만난 고객에게 하루아침에 수천만 원짜리 계약을 성사시키는 일은 쉽지 않습니다. 하지만 작은 교류부터 시작해 거래 경험이 쌓이고, 나아가 강력한 신뢰 관계가 구축되면 큰 규모의 거래도 어렵지 않게 이루어질 수 있습니다.

그렇기에 미끼를 제공하는 것은 '첫 거래 경험'을 만드는 데 매우 효과적입니다. 또한 직접적으로 금전을 요구하는 거래가 아니기에 고객의 거부반응도 낮습니다. 미끼를 주고받는 것을 시작으로, 기업은 고객과의 거래 경험을 계속해서 축적하기 위해 노력해야 합니다. 이 과정이 진행되면서 고객은 해당 기업과 거래를 했을 때 만족감을 느낄 수 있다는 사실을 '학습'하게 될 것입니다. 이 과정이 바로 스테로이드 1단계에서 이야기했던 '계단 콘텐츠의 제작과 배포'입니다. 기업이 제공하는 콘텐츠를 받아보는 몇 번의 경험에서 긍정적인 거래 경험을 하게 된다면, 잠재 고객은 더욱 쉽게 이상적인 고객으로 전환될 것입니다.

또한 미끼의 가장 큰 장점은 고객이 명확하게 배경지식을 가지고 구매 의사결정을 내릴 수 있는 상태로 만드는 데 있습니다. 앞서 설명한 '더 큰 시장 이론'을 떠올려보십시오. 피라미드 최하단에 있던 고객도 기업에서 제공하는 '가치 있는 정보'를 습득하면 피라미드의 최상단으로 올라갈 수 있습니다.

고객이 충분한 배경지식을 갖지 못한 상태에서는 '왜 다른 상품이 아닌 이 상품을 구매해야 하는지'를 설득하는 데만도 상당한 에너지가 소모됩니다. 이를 피하고자 다수의 사업자들이 실수를 저지르기도 하는데, 가격을 저렴하게 제시해 구매를 유도하는 가장 단순한 전략을 택하는 것입니다.

고객은 풍부한 배경지식을 갖게 되면, 그를 구매 의사결정을 내리는 근거로 사용합니다. 이 단계가 되면 기업은 굳이 경쟁사와 가격을 가지고 경쟁할 필요가 없어집니다. 고객에게 정보가 더 많아질수록, 그들은 가격이 아닌 다른 요소들을 복합적으로 고려하여 구매를 결정하기 때문입니다. 당신이 할 일은 정보 제공자로서 고객과의 사이에서 권위와 신뢰를 쌓으면 그만입니다. 이번에는 구체적인 사례를 통해 이러한 미끼를 효과적으로 활용하는 법을 살펴보겠습니다.

입주 인테리어 시공을 전문으로 제공하는 업체가 있습니다. 이러한 업체 중 나름 온라인 마케팅을 펼치고 있다는 곳들을 살펴보면, 대부분 '수원 입주 인테리어', '서울 입주 아파트 시공' 등의 키워드를 검색했을 때 자사의 웹사이트가 나오도록 장치를 해둡니다. 키워드 클릭 광고나 홍보성 게시글 등이 나오도록 설정했다고 보시면 됩니다.

업체의 웹사이트에 들어가면 업체가 시공한 멋들어진 실내 사진이 나옵니다. (실제로는 본인들이 시공한 이미지가 아닌 경우도 있습니다.) 이렇게 몇 개의 이미지와 '10가구 한정 할인 이벤트 진행' 또는 '패키지 시공 시 할인 진행' 등의 문구가 보일 것입니다. 그리고 그 옆으로 시공 상담 문의로 연결되는 버튼이 반짝거리고 있을 것입니다. 실제로 90% 이상의 업체가 이런 마케팅을 하고 있습니다.

다시 말하지만 이런 홍보는 당장 구매 의사가 있는 단 3%의 고객만을 노리는 마케팅입니다. 구매가 시급하지 않은 나머지 97%의 고객을 설득하기에는 한계가 있다는 뜻입니다. 길을 가던 중 우연히 들른 매장에서 점원이 고객에게 수백만 원짜리 제품을 사달라고 다짜고짜 요구하는 것과 다를 바가 없습니다.

반면에 이렇게 접근하는 업체를 상상해보시기 바랍니다. 웹페이지의 접속을 유도하는 다음과 같은 광고 문구가 눈에 들어옵니다.

- 주의! 이 소비자 보고서를 읽기 전에 입주 인테리어하지 마세요.
- 아파트 입주자 90%가 당하는 입주 인테리어 덤터기 시공, 이것만 꼭 확인하세요.
- 5분만 공부하면 100만 원을 아낄 수 있다! 입주 인테리어 시공 합리적으로 하는 법.
- 아직도 속고 계십니다! 입주 인테리어 계약 전에 반드시 확인해야 하는 5가지 사항.

위 문구와 함께 입주 인테리어 또는 신축 건물 입주에 관심 있는 사람들이 반응할 디스플레이 광고를 활용합니다. 그렇게 웹페이지로 호기심을 갖고 들어온 잠재 고객에게는 그어떤 구매도 요구하지 않습니다. 상담 신청하라는 압박도 전혀 하지 않습니다. 단지 도움이 되는 자료(미끼)를 보내줄 테니 이메일 주소만 남기라는 메시지를 전합니다.

당장이 아니라 내년, 수년 후 신규 입주를 생각하는 사람들이라도 '미리 알아둬서 나쁠 건 없지'라는 생각으로 연락처를 남기고 미끼를 받아 갈 확률이 높습니다. 세상에 사기당하고 싶어 하는 사람은 없으니 말입니다. 이러한 미끼를 통해 짧게는 몇 개월 후, 길게는 몇 년 후에도 고객이 될 사람들의 리스트를 두루두루 확보하게 됩니다. 또한 잠재 고객과의 접점이 만들어졌기 때문에 신뢰를 구축하기 위한 다음 마케팅을 진행할 수 있습니다.

이처럼 미끼를 뿌린다는 건 고객이 올바른 의사결정을 내릴 수 있도록 돕는 동시에 당신과 관계를 시작하게 만드는 효과가 있습니다. 만약 잠재 고객이 당신이 뿌린 미끼가 자신에게 도움이 됐다고 느낀다면, 당신은 신뢰 포인트를 하나 쌓았다고 볼 수 있습니다. 물론 이러한 신뢰 포인트는 당신의 노력 여부에 따라 더 쌓여갈 것이고, 그 후 고객과의 관계가 충분히 진전됐다면 고가의 계약도 수월하게 시도해볼 수 있습니다.

한 가지 더 덧붙이자면, 미끼 자료를 제작할 때 외부적인 요소도 세심하게 신경을 써야 합니다. 어떤 표현으로, 어떤 방식으로, 어떤 디자인으로 제공하는지도 지대한 영향을 줍니다. 아무리 알찬 정보가 있어도 포장지가 좋지 않다면, 본래 가치보다 낮게 평가될 수 있습니다. 인간은 '형식이 곧 본질'이라고 받아들이는 오류를 흔하게 범하니 말입니다. 따라서 미끼를 제작할 때 다음 두 가지 규칙을 따르면 좋습니다.

(1) 오로지 제목을 구상하는 데 시간을 투자한다

제아무리 좋은 책이라 해도 아무도 그것을 펼쳐보지 않으면 무용지물입니다. 냉정하게 생각해야 합니다. 오늘날 온라인 세상은 사람들의 시선을 잡아채는 자극적이고 선정적인 콘텐츠들로 넘쳐납니다. 여러분이 착각하지 말아야 하는 건, 지금 경쟁해야 할 콘텐츠는 경쟁사에서 만든 광고가 아니라는 점입니다. 여러분의 경쟁 상대는 치명적일 정도로 귀여운 고양이 영상이나 화려한 음악에 자극적인 의상을 입고 춤을 추는 댄서들의 영상입니다. 그러한 콘텐츠 사이에서 사람들의 호기심을 끌기 위해서는 강력한 제목이 필요합니다. 다음 두 가지의 제목을 주목해주시기 바랍니다.

- 어떻게 조기 은퇴를 할 수 있는가?
- 지극히 간단한 3개의 아이디어로 40세에 은퇴하는 방법

당신은 어떤 제목에 더 눈길이 가나요? 후자의 제목에 더 관심이 갈 것이라 생각됩니다. 미끼의 제목을 정하는 일은 잠재 고객을 모으고자 구상하는 일 중 중요도가 가장 높습니다. 당신이 설계한 세일즈 퍼널로 사람들이 들어오게 하는 가장 중추적인 역할을 하기 때문입니다. 더욱이 미끼의 제목을 잘 지어야 광고 소재를 떠올리는 것도 한층 수월해지고, 웹페이지에 들어온 잠재 고객이 연락처를 남기고 자료를 받아 갈 확률도 훨씬 높아집니다.

광고의 헤드 카피와 미끼의 제목은 그야말로 가장 비싼 문장이라고 할 수 있습니다. 문장 하나에 '고객 한 명 유입에 드는 마케팅 비용'이 수십 배 이상 차이 날 수 있으니 말입니다. 그렇다면 좋은 미끼 제목을 짓기 위해 적용해볼 만한 팁

으로 어떤 것들이 있을까요? 글을 잘 쓰지 않아도 걱정할 필요는 없습니다. 제가 제시하는 다음 법칙들을 그대로 적용해 보시면 됩니다.

첫째, 구체적인 숫자로 '이익'을 강조합니다.

제목에는 추상적인 표현보다 구체적인 수치를 제시해 관심을 유도하는 것이 효과적입니다. '매우', '엄청' 같은 추상적인 정도 부사나 '대량', '크게', '많이' 등의 표현은 지양하는 것이 좋습니다.

- 하루 2시간 부업으로 월 100만 원! 직장인도 할 수 있는 5가지 부업 무료 강좌
- 2주 만에 3kg 건강하게 감량하는 키토 식단 무료 책자

둘째, 타깃층을 구체적으로 명시합니다.

미끼 자료로 도움을 얻을 수 있는 타깃을 구체적으로 가리켜 그에 해당하는 사람들의 반응을 끌어냅니다.

- 육아로 고생하는 전업주부를 위한 하루 10분 앱테크 무료 전자책
- 매출 성장이 고민인 자영업자 대상! 오프라인 마케팅 무료 강의

셋째, 의외성을 부여합니다.

일반적인 통념과 상충하는 주장을 통해 호기심을 유발할 수 있습니다. 고정관념을 뒤흔드는 생각은 늘 강력한 효과를 냅니다.

- 평균 4등급 학생도 인서울 대학에 합격하는 특급 입시 전략
- 서로이웃 하나 없이도 협찬 많이 받는 블로그 키우는 법

넷째, 공포심을 자극합니다.

금전적인 손실이나 시간적인 손해, 혹은 건강, 생명과 관련된 주제에서 공포심과 두려움을 자극하는 것은 항상 압도적인 관심을 끌어냅니다.

- 내 보험료, 사기당하고 있는 건 아닐까? 무료 자가진단 테스트
- 유튜브, 이렇게 하면 망합니다! 채널 무료 진단 체크리스트

다섯째, 궁금증을 불러일으킵니다.

처음 보는 용어나 특이한 단어를 사용하여 호기심을 유발하는 전략입니다. 호기심은 인간을 움직이게 만드는 가장 강력한 동기 중 하나이니 말입니다.

- 먹을 것 다 먹고도 몸매를 유지하는 비법, 'DDMM 다이어트'

비밀 자료

- 팔로워 없이 2주 만에 고객을 만드는 마케팅 기법, '할리우드 빌드업 테크닉' 가이드북

(2) 문제 제기 - 해결책 제공 - 새로운 문제 제기, 이 구조를 적용한다

미끼는 가치를 제공하고 도움을 주는 동시에, 잠재 고객이 미처 생각지 못하고 있던 현실 문제를 돌아보게 만드는 역할을 해야 합니다. 이를 위해 필요한 것이 스테로이드 1단계에서 살펴본 '계단 콘텐츠'의 구조입니다. '문제 제기 - 해결책 제공 - 새로운 문제 제기'를 기억하실 겁니다. 미끼 콘텐츠 역시 이 구조를 염두에 두고 제작해야 합니다.

기업이 고객과 관계를 시작하고 유지하기 위해서는 고객에게 '필요한 존재'로 인식되어야 합니다. 기업은 고객이 직면한 문제를 환기함과 동시에 그에 대한 해결책을 가지고 있음을 암시하는 것이 좋습니다. 그래야 고객은 기업이 설계해 놓은 세일즈 퍼널의 깊은 단계까지 들어갈 수 있습니다.

미끼만으로 상품에 대한 가치를 충분히 느낀 고객이라면 당신의 거래 제안을 당장 받아들일 수도 있습니다. 이는 우연히 나간 소개팅에서 상대방에게 첫눈에 반한 것과 같습니다. 당신의 상품이 대체적으로 저관여 상품에 속한다면, 이렇게 간단한 단계만으로도 충분히 판매를 일으킬 수 있습니다. 반면 고관여 상품을 다루거나 판매하는 사업을 하고 있다면, 스테로이드 2단계를 적극적으로 적용해야 합니다.

관여도란 어떤 상품을 구매하는 데 있어 고객이 구매 결정을 얼마나 중요하게 여기는지, 그 정도를 의미합니다. 고객의 입장에서 중요도가 낮다고 여겨지는 저관여 상품일수록 깊이 생각하지 않고 구매 결정을 내릴 수 있습니다. 그러나 고관여 상품은 다릅니다. 여러 정보를 수집하며 오래 고민의 시간을 가진 끝에 구매 결정을 내리는 경향이 있습니다. 그렇기에 고객을 유입시킬 더 매혹적인 미끼가, 나아가 잘 설계된 세일즈 퍼널이 필요합니다.

미끼는 고객과 당신의 첫 만남이라 할 수 있습니다. 고객은 첫 만남 이후 당신을 알아가는 단계를 지나, 두세 번의 만남을 더 이어가며 당신과 진지한 단계로 나아가도 될지 고민할 것입니다. 이때 고객이 충분히 판단할 수 있도록, 관계를 지속할 이유를 찾을 수 있도록, 신뢰가 가는 미끼와 계단 콘텐츠를 제작하시길 바랍니다. 앞서 배운 내용을 숙지하고 행동으로 옮긴다면, 충분히 꿈꾸던 매출을 달성할 수 있을 것입니다.

〈무엇을 미끼로 제시할 수 있을까?〉

- 전자책
- 가이드북 · 노하우 모음집
- 무료 영상 강의
- 상품 및 서비스 무료 체험 기간
- 상품 할인 쿠폰
- 샘플 상품
- 교육 및 사례 연구 자료
- 산업 리포트 자료
- 무료 상담 (혹은 진단 및 컨설팅 기회)
- 체크리스트 및 자가진단 테스트
- 설문조사
- 사은품 (굿즈 및 관련 행사 무료 참여 티켓)
- 사례 연구 자료
- 온라인 및 오프라인 세미나
- 유용한 프로그램 및 앱 추천 리스트

CHAPTER 4

리드 생성용 웹페이지 제작하기:
고객의 연락처를 확보하라

•
✳
✴

미끼를 제작했다면 잠재 고객이 미끼를 받아 갈 수 있는 '장소'를 마련해야 합니다. 지금부터 설명할 '리드 생성용 웹페이지'가 바로 그 장소입니다. 해외에서는 이를 '옵트인opt-in 페이지'라고 합니다. '옵트인'은 수신 동의라는 뜻으로, 고객으로부터 메시지 수신 동의를 받는 페이지라는 의미로 이렇게 부릅니다.

여러분이 온라인에서 마주하는 광고의 95% 이상은 클릭 시 바로 판매를 위한 세일즈 페이지로 이동합니다. 이것은 마치 막대한 광고비를 들여 손님을 가게로 데려오고는, 다짜고짜 물건을 사달라고 멱살을 잡는 것과 다를 바가 없습니다. 도대체 왜 이런 마케팅을 하는 것입니까? 모처럼 가게로 찾아온 고객에게 "저희 매출에 기여하세요"라고 윽박하는 꼴입니다.

이런 마케팅을 보고 있자면 혹 처음 만난 사람과 어떻게 인사하고 교분을 쌓는지 그 과정을 잊어버린 것은 아닐까, 하는 걱정까지 듭니다. 고객이 원하는 것을 생각하는 것이 아니라, 오로지 본인 매출에만 혈안이 되어 있기 때문입니다. 어떻게 이렇게 이기적일 수 있을까요?

온라인 광고의 미션은 상품 판매가 아닙니다. 제가 광고의 미션을 다시 재정의하겠습니다. 온라인 광고의 미션은 '클릭을 얻어내는 것'입니다. 광고가 클릭을 얻어냈다면, 그다음 단계는 곧장 판매를 독려하는 것이 아니라, 고객과 첫인사를 나누는 것입니다. 이것이 바로 리드 생성용 웹페이지의 역할입니다. 이 페이지의 역할은 미끼를 파는 장소입니다. 미끼가 잘 팔릴 수 있게, 상품을 팔 때와 똑같이 신경 써서 쓴 카피로 인사합니다. 대신, 돈이 아닌 고객의 연락처를 받습니다.

해외의 배너 광고를 눌러보신 적이 있으신가요? 곧바로

세일즈 페이지가 나오는 경우는 몇만 원 이내의 저렴한 상품을 팔 때가 아니면 거의 찾아볼 수 없습니다. 광고를 누르면 대부분 옵트인 페이지로 이동합니다. 그러나 우리나라의 마케터들은 100만 원이 넘어가는 상품도 광고 하나로 끝장내려고 안달이 나 있습니다. 대체 무엇이 문제일까요?

마케팅이란 고객과 관계를 쌓아올리는 일련의 과정입니다. 고객이 광고를 보고 웹페이지에 들어왔다면, 드디어 그 미끼를 잘 팔 시간이 왔습니다. 이제 미끼를 잘 포장하기 위해 리드 생성용 웹페이지 제작 시 지켜야 할 세 가지 규칙을 설명하겠습니다.

(1) 헤드 카피에 사활을 건다

"평균적으로 헤드라인을 읽는 사람들이 바디 카피(본문)를 읽는 사람들보다 5배는 많다."

광고 천재 데이비드 오길비David Ogilvy가 한 말입니다. "시속 60마일로 달리는 신형 롤스로이스 안에서 들리는 가장 큰 소음은 전자시계 소리입니다." 이 한 줄의 헤드 카피로 롤스로이스를 품절시킨 오길비는 한 가지 광고에 16가지의 서로 다른 헤드 카피를 썼다고 합니다. 동일한 본문에 헤드 카피만 바꿔도 매출이 10배 이상 차이가 난 사례들도 있었다고 하니, 헤드 카피의 중요성은 몇 번을 강조해도 지나치지 않습니다.

광고를 클릭해서 들어온 사람들이 회사의 웹페이지를 처음부터 끝까지 우호적인 마음으로 다 읽어줄 것으로 생각하는 건 크나큰 착각입니다. 어쩌다 들어왔다가 바로 '뒤로가기' 버튼을 누를 가능성도 다분합니다. 글을 읽더라도 '대체 뭘 팔려고 하는 거야?' 또는 '무료라고 해놓고 무슨 수작을 부리려는 거야?' 같은 마음으로 들어오는 게 다수입니다. 그렇다면 여러분의 미션은 이제 이 웹페이지가 그들에게 도움이 될 수 있다는 사실을 받아들이도록 하는 데 있습니다.

웹페이지에 들어온 고객의 눈에 가장 처음 들어오는 것은 웹페이지의 첫 헤드 카피입니다. 간혹 첫 문단부터 판매를 하려고 달려드는 마케터들이 있습니다. 다시 말하지만, 최악의 마케팅입니다. 확실하게 알려드리겠습니다. 첫 문단의 역할은 두 번째 문단을 읽게 만드는 것입니다. 그렇다면 두 번째 문단의 역할은 무엇일까요? 그렇습니다. 세 번째 문단을 읽게 만드는 것입니다.

웹페이지 전부를 훑어보느냐 그렇지 않느냐는 헤드 카피에서 결정이 납니다. 유입된 잠재 고객을 웹페이지에 머무르게 할 만한 강력한 헤드 카피를 작성해야 합니다.

헤드 카피는 하나만 작성하지 마시고, 본문을 동일하게 둔 채 여러 버전으로 나누어 실험해보는 것을 추천합니다. 헤드 카피만 바뀌어도 연락처를 남기고 가는 비율이 다르게 나옵니다. 웹페이지에 들어온 사람 중 연락처를 남기고 간 사람의 비율을 '리드 전환율'이라고 합니다. 높은 리드 전환율이 나오는 헤드 카피는 무엇인지 지속적으로 확인하면서 적합한 카피를 찾고 개선해나가는 것이 중요합니다.

여러분을 위해 제가 헤드 카피 작성 시 자주 활용하는 몇 가지 문장 구조를 소개하도록 하겠습니다.

~하고 싶지 않습니까? ~를 공개합니다.

- 직장인에서 벗어나 원하는 일을 하며 살고 싶지 않으십니까? 적은 리스크로 시작할 수 있는 소자본 가맹점 창업 아이템을 공개합니다.
- 인테리어 비용을 천만 원 이상 아낄 수 있다면 어떻습니까? 일반인은 잘 모르는 불필요한 인테리어 비용을

줄이는 노하우를 모두 공개합니다.

(업계)의 비밀을 폭로합니다, (업계)에 더 이상 속지 마세요.
- 온라인 마케팅 대행사의 비밀을 폭로합니다.
- '무점포 창업'이라는 프랜차이즈 회사의 말에 더 이상 속지 마세요.

~를 통해 ~가 될 수 있었습니다. 직접 경험한 ~를 모두 알려드립니다.
- 이 간단한 서류 작업을 통해 세금 300만 원을 줄일 수 있었습니다. 직접 경험한 간단한 절세 지식을 모두 알려드립니다.
- 단돈 500만 원으로 부동산 투자자가 될 수 있었습니다. 직접 경험한 부동산 경매투자를 기초부터 끝까지 모두 알려드립니다.

이미 많은 분이 ~를 하고 있습니다. 아직 늦지 않았습니다.
- 이미 3,000명이 넘는 분들이 신청하셨습니다. 아직 늦지 않았습니다!

- 이미 1,500개 이상 기업에서 사용하고 있습니다. 아직 늦지 않았습니다!

(우려하는 것/싫어하는 것) 없이도 ~ 할 수 있습니다. (숫자)일 만에 경험해보세요.

- 매일 1시간씩 헬스장에서 애쓰지 않아도 체중 감량에 성공할 수 있습니다. 3개월 만에 효과를 경험하세요.
- 온종일 고객에게서 오는 메시지를 들여다보고 있지 않아도 자동으로 CS가 가능합니다. 하루 만에 세팅하고 테스트해보세요.

(2) 미끼의 내용에 호기심을 유발하는 설명을 넣는다

다시 강조하지만, 리드 생성용 웹페이지는 미끼를 판매하기 위한 페이지입니다. 아무리 무료라도 사람들이 받아보고 싶은 구미가 당기게 '유혹'해야 합니다. 그 안에 담겨 있는 내용을 알고 싶게끔 설명하는 것도 중요합니다.

Free E-BOOK

할리우드 빌드업 테크닉

SNS 팔로워가 없어도, **지식 서비스를** 성공적으로 런칭하고 **큰 돈을 벌 수 있는 방법은** 없을까요? 우리는 종종 **인플루언서**가 아님에도 **'억'소리나는 매출**을 올리는 **온라인 교육자들**을 보곤 합니다. 이들은 어떤 방법으로 소셜 미디어에 기반한 인지도 없이 큰 수익을 낼 수 있는 것일까요? **할리우드 빌드업 테크닉**은 이러한 질문으로부터 만들어졌습니다.

연봉 10억 메신저, 지식 사업가, 코치, 컨설턴트, 강연가, 강사, 온라인 코스 제작자가 목표라면 **'할리우드 빌드업 테크닉'**을 꼭 읽어보세요.

해외의 지식사업가들이 **백만장자**가 될 수 있는 비밀을 모두 공개합니다.

할리우드 빌드업 테크닉
지금 즉시 무료로 받기

이메일을 통해 즉시 보내드립니다.

| Name | Email | **무료 PDF 받기** |

| 저자의 리드 생성용 웹사이트 일부

(3) 행동을 유도하는 버튼을 매력적인 카피로 꾸민다

웹페이지에서는 행동을 유도하는 버튼까지도 매혹적이어야 합니다. 단순히 '전자책 받기'보다는 '5초 만에 읽어보기', '지금 당장 보러 가기' 등의 문구가 조금 더 행동을 유도하는 데 유리합니다. '사기꾼들의 비밀 수법 바로 알아보기' 등 궁금증을 불러일으키는 버튼 문구도 효과적입니다. 잠재 고객의 연락처 공유 부담에 대한 진입 장벽을 낮추고, 신속한 행동을 촉구할 수 있는 방향으로 카피를 구상해보기 바랍니다.

+ TIP　　개인정보 수집에 있어 개인정보 보호법의 중요성이 점점 더 강조되고 있습니다. 잠재 고객의 연락처를 받을 때는 '개인정보 이용 동의 및 마케팅 활용 동의'를 받아야 합니다. 행동 유도 버튼을 눌렀을 때 동의를 구하는 팝업창이 띄워지도록 설정하면 편리합니다. 이처럼 정보수집에 대한 안전장치를 마련한 후 고객 리스트 구축을 진행한다면, 혹시나 발생할 수 있는 분쟁의 소지를 미리 예방할 수 있습니다.

CHAPTER 5

잠재 고객 관리하기:
적정한 관계의 온도로
소통하는 법

리드 생성 웹사이트와 미끼를 통해 잠재 고객 리스트를 확보할 수 있습니다. 이 리스트를 키워가는 것은 사업을 운영하는 데 있어 핵심 경쟁력을 길러주는 요소입니다. 리스트는 시간이 지남에 따라 지속적으로 축적되는 일종의 자산이니까요. 지금부터라도 고객 리스트를 모으기 시작한다면, 사업을 유지하는 기간에 따라 그 규모 또한 계속해서 커질 수밖에 없습니다. 0명으로 시작했던 잠재 고객 리스트가 어느새 100명을 넘어 1,000명, 10,000명, 100,000명이 될 수 있습니다.

다수의 세일즈 조직에서는 소위 '고객 DB'라고 부르는 이 리스트를 목숨처럼 여기고 있습니다. 그래서 때로는 고객 DB를 얻기 위해 수단과 방법을 가리지 않는 모습을 보이기도 합니다. 개인정보인 고객 DB를 고객의 동의도 받지 않은 채 사고파는 부도덕한 일이 발생하는 것도 이 정보가 그만큼 중요한 자산이기 때문입니다. 주차장에서 차량에 적어둔 연락처를 마음대로 수집하는 등 법적으로 문제의 소지가 있는 행위들이 만연했던 것도, 그만큼 고객과의 연락 접점을 만드는 일이 시급하다는 것을 깨달은 까닭에 벌어진 일들입니다.

이미 잘하고 있는 기업들 역시 고객 리스트의 중요성을 깊이 이해하고 있기에, 각종 서비스를 제공하며 리스트를 구축하는 데 공을 들이고 있습니다. 무료 샘플을 제공하거나 첫 구매에 한하여 파격적인 가격으로 상품을 판매하는 등 관심을 끄는 마케팅으로 고객 리스트를 확보하기도 합니다. 이러한 과정은 모두 앞서 보았던 '미끼'의 일환이라고 볼 수 있습니다.

그런데 고객 리스트를 확보하는 데에만 관심을 둘 뿐, 정작 그것을 어떻게 관리해야 하는지는 제대로 알지 못하는 기업들이 많습니다. 이들은 고객 DB를 문자 그대로 '데이터베

이스^{data base}'라고만 생각하는 경향이 있습니다. 대량의 DB를 보유했기 때문에, 몇몇 고객에게 차단당해도 괜찮다고 가볍게 넘겨버립니다. 그 결과 자신들이 할 말만 늘어놓는 스팸 이메일과 스팸 문자를 보내 잠재 고객을 괴롭히는 행위를 하는 것입니다. 저는 이런 행동을 두고 '어렵게 모은 소중한 자산에 기름을 붓고 불을 질러 태워버리는 꼴'이라고 표현하고 싶습니다.

고객 리스트 하나하나는 모두 개개인의 사람입니다. 당신 또한 어느 기업의 고객 리스트에 속해 있을 것입니다. 그렇기에 상업성 짙은 이메일이 왔을 때 본인은 어떻게 반응하는지, 온통 자기 말만 길게 늘어놓는 문자 메시지가 왔을 때 어떻게 행동하는지를 역으로 생각해보셔야 합니다. 이런 과정을 거치지 않다 보니 고객과의 관계를 망치는 실수를 주저 없이 저지르게 되는 것입니다. 당신이 보내는 이메일과 메시지를 받아서 열어보는 사람도 당신과 별반 다르지 않습니다. 극단적으로 이야기하자면, 고객에게 도움이 되지 않는 메시지는 모두 스팸일 뿐입니다.

그렇다면 어떻게 고객 리스트를 관리해야 할까요? 이는 기업과 고객 사이의 관계가 현재 어떤 단계에 놓여 있는가에 따라 다릅니다. 우선 고객 리스트를 세 단계로 나눠서 진단해 봅니다. 기업과 고객 사이의 관계는 온도에 따라 '핫HOT', '웜 WARM', '콜드COLD' 이렇게 세 단계로 구분할 수 있습니다. 각 단계에 따라 효과적인 커뮤니케이션 방식이 다릅니다.

우선 HOT 단계는 고객 피라미드의 최상단에 속한 고객 을 의미합니다. 당장 구매할 의사가 있는, 구매 모드에 위치 한 3%의 고객이 이 단계에 속해 있습니다. 이들은 기업과 이 미 충분한 신뢰 관계가 형성되어 있으며, 기업에 대한 호감도 높은 상태입니다. 본인의 문제를 확실하게 인식하고 있고, 소

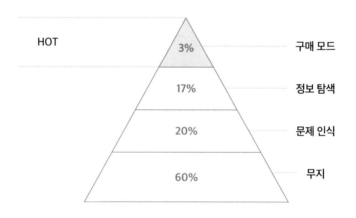

| HOT 단계에 속하는 고객의 위치

위 말해 '주머니를 열 준비'가 되어 있는 단계입니다. 이들에게 필요한 것은 거절하기 어려운 거래 제안을 하는 것입니다. (저는 이러한 제안법을 '돈 콜레오네의 제안'이라 부르고 있으며, 이에 대해서는 곧 아주 상세히 살펴볼 예정입니다.)

다음으로 WARM 단계의 잠재 고객입니다. 이들은 문제를 인식한 단계이지만 기업에 대한 충분한 신뢰나 호감이 아직 형성되지 않은 상태라고 볼 수 있습니다. 이때 잠재 고객에게 미끼를 제공한 후, 도움이 될 수 있는 자료들을 시간을 두고 제공할 수 있습니다. 미끼 콘텐츠를 받아보고, 그 뒤에

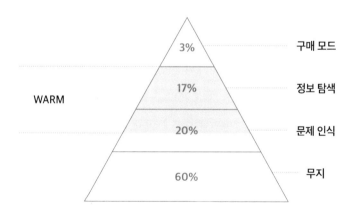

| WARM 단계에 속하는 고객의 위치

추가적으로 보낸 자료들도 열어본 사람들이라면 WARM 단계에 속해 있다고 판단할 수 있습니다. 최종 구매까지는 신뢰 구축이 조금 더 필요한 상황입니다.

연애 이야기로 비유하자면 첫 만남 이후 연락을 주고받다 한두 번 더 만난 정도의 관계라고 생각해보시면 됩니다. WARM 단계의 고객들은 기업에 대해 크게 불신을 갖는 등 부정적인 감정을 느끼고 있지는 않습니다. 따라서 본인들에게 도움이 될 수 있다는 확신만 생기면 언제든지 HOT 단계로 넘어갈 수 있는, 중대한 기로에 선 고객층이라 판단하고 관리를 해야 합니다.

이들을 HOT 단계까지 끌어올리기 위해서는 스테로이드 1단계에서 배운 '계단 콘텐츠'를 사용해야 합니다. 상품을 런칭할 때는 일반적으로 세 개의 계단 콘텐츠를 사용하지만, 상품에 따라 적게는 한두 개의 계단 콘텐츠로도 충분히 판매를 유도할 수 있습니다. 반면 관여도가 높은 고가의 상품을 판매하는 상황에서는 고객을 설득하기 위해 보다 촘촘한 계단이 필요하며, 때에 따라서는 10개가 넘는 계단을 만들어야 할 수도 있습니다.

마지막으로 COLD 단계입니다. 고객 피라미드에서 가장

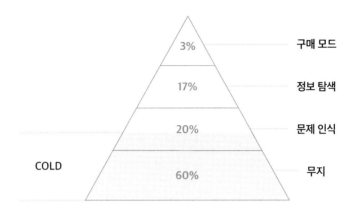

| COLD 단계에 속하는 고객의 위치

하단에 있습니다. 아직 자신의 문제를 인지하지 못한 60%의 사람들이 이곳에 속한다고 볼 수 있습니다. 하지만 제품에 대한 필요성과 소장 욕구를 느끼면 언젠가 고객이 될 수 있는 잠재력을 가진 사람들입니다. 당장 현재 시점에서 보기에는 구매 가능성이 거의 없어 보일 수 있지만, 장기적 관점에서 관리해야 합니다. COLD 단계에 속한 이들과 사전에 신뢰를 구축하여 관계를 형성하는 것은, 불필요한 가격 경쟁을 피하고 고객을 확장할 수 있는 좋은 전략입니다.

이들은 대부분 웹서핑 도중 우연히 무언가를 발견하고 기업의 웹사이트로 들어옵니다. 기업이 운영하는 소셜 미디어 채널이나 광고를 통해 유입되기도 합니다. 다른 사람의 소개로 들어오는 일도 있습니다. 이들 중 일부는 미끼를 받기 위해서 연락처를 남기고 갑니다. 그리고 그렇게 미끼를 받은 사람 중 일부는 그것만으로 만족하여 WARM 단계로 이동하기도 합니다. 미끼 이후 추가로 제공되는 자료를 받아보며 WARM 단계로, 또는 그 이상으로 서서히 발전하는 것이 일반적입니다.

COLD 단계의 잠재 고객은 당신에 대한 호감이나 신뢰가 전혀 없는 상태라고도 할 수 있습니다. 아직 적극적으로 대화할 마음이 없습니다. 기본적으로 무관심 또는 불신에 가까운 시선으로 당신을 바라봅니다. 따라서 급작스럽게 다가가 이들을 쫓아버리기보다는 보수적으로 접근하는 편이 좋습니다.

종종 이제 막 알게 된 고객에게 무료로 전화 상담을 제공한다고 홍보하는 모습을 볼 수 있습니다. 특히 보험 관련 광고가 그렇습니다. 광고를 클릭하여 들어가 보면 당장 전화 상담을 해주겠다고 합니다. 그러나 COLD 단계에 있는 사람들에게 이러한 홍보 방식은 거의 먹히지 않습니다. 적극적으로 대화할 마음이 없는 상대에게 세일즈맨과의 통화를 권한다면, 그 고객이 통화를 하고 싶어 할까요? '지금 즉시 간편 상담'을 내세우는 광고 역시 보험을 알아보고 있는 '구매 모드 또는 정보 탐색 단계'에 있는 고객만을 대상으로 하는 마케팅입니다. 참고로 무료 상담은 WARM 단계에 있는 잠재 고객에게 제공했을 때 가장 효과가 좋습니다.

COLD 단계에 있는 대상에게는 간단한 자가진단이나 체크리스트, 소책자 등 가볍게 받아볼 수 있는 자료를 건네면서 관계의 포문을 여는 것이 효과적인 전략입니다. 부담 없는 제안으로 첫 만남을 시작하여 관계의 온도를 점차 높여나가는 것입니다.

반면 HOT 단계에 도달한 사람이 있다면 가능한 한 빨리 시간을 잡아서 좋은 제안을 던져주는 것도 중요합니다. HOT 단계에 도달한 고객에게 COLD 단계의 사람을 대하듯이 한다면, 오히려 경쟁사에게 고객을 빼앗길지도 모릅니다. 이미 필요성을 인지하여 당장 구매를 원하고 있으니까요. 이처럼 잠재 고객과 기업 간의 관계 온도를 진단하고 확인하는 과정은 매우 중요합니다. 온도에 맞는 커뮤니케이션을 하지 않으면 적절한 마케팅이 이루어지기 어렵습니다.

앞서 제가 소개팅과 데이트를 비유로 들어 여러 개념을 설명해온 것을 아실 겁니다. 여러 차례 다른 방식으로 시도해 보았지만, 이때만큼 확실한 이해를 돕고 인상적인 각인을 남기는 때가 없었습니다. 그래서 기업과 고객 간의 관계를 다시 연애에 비유하여 더 이해하기 쉽게 설명하도록 하겠습니다.

COLD 단계에 있는 고객은 생전 처음 소개팅에서 만난 상대라고 할 수 있습니다. 좀 더 보수적으로 보자면, 길거리에서 혹은 카페에서 마주친 낯선 이성이라고 보는 편이 더 적절합니다. 이들은 당신을 모릅니다. 당신이 어떤 사람인지, 믿어도 되는지 안 되는지를 판단할 수 있는 근거가 부족한 상태입니다. 이럴 때 대화의 물꼬를 트기 위해서는 여러 가지가 필요합니다. 말끔하게 차려입은 의상이나 잘 관리한 외모가 상대한테 매력적인 인상을 남길 수 있고, 흥미로운 첫 멘트나 부드러운 목소리도 관계를 진전시키는 데 영향을 주는 요소가 될 수 있습니다.

위의 상황이 오프라인에서의 만남이었다면, 온라인 만남에도 접목해 비유를 들 수도 있습니다. 최근에는 소개팅 앱을 통해 만남을 시작하는 연인들이 많이 생겨나고 있습니다. 소개팅 앱 안에서 당신을 보여줄 수 있는 건 프로필 이미지와 소개 문구 정도가 전부입니다. 당신의 프로필은 사람들의 주의를 끌 수 있어야 하고, 소개 문구는 너무 가볍거나 과하지 않은, 좋은 인상을 남길 수 있어야 합니다. 그렇게 상대로부터 선택받게 된다면, 이는 광고를 클릭하게 만든 것과 똑같은 성과를 낸 셈입니다.

결국 소개팅 앱에서 이성에게 선택받기 위한 상황은 온라인 마케팅으로 고객의 시선을 끌기 위한 상황과 유사합니다. 무수히 많은 콘텐츠 사이에서 살아남아야 하는 전쟁과 다름없습니다. 자극적인 온라인 콘텐츠들 사이에서 광고 이미지와 카피 문구만으로 고객의 스크롤을 멈추게 할 수 있어야 한다는 이야기가, 이제는 확실히 와닿으셨을 것으로 생각합니다. 이렇게 시선을 잡아끌고 첫 대화의 물꼬를 트기 시작했다면, COLD 단계에서 WARM 단계로 고객 이동이 본격적으로 시작되었음을 의미합니다.

지금부터는 그들이 준 연락처로 만남을 신청하고 두어 번의 데이트를 했다고 가정해보겠습니다. 상대는 당신이 어떤 사람인지 어느 정도 알게 되었고, 마냥 싫지만은 않습니다. 연애를 못하는 세일즈맨 또는 마케터라면 어떨지 모르겠지만, 보통 이런 단계에서 섣부르게 '고백 공격'을 했다가는 일을 그르칠 수 있습니다. 상대방은 아직 확신이 온전하게 서 있는 상황이 아니니 말입니다. 진지한 관계로 나아가기에는 아직 조금 이르다는 뜻입니다.

이 상태가 WARM 단계에 있는 고객의 감정입니다. 고객은 이 상품이 진정으로 자신에게 필요한 것인지, 판매자가 정말 신뢰할 수 있는 대상인지 완전히 확신을 내리지는 못했습니다. 이럴수록 오히려 신중한 모습을 보이면서 여유 있게 기다릴 수 있어야 합니다. 여러분이 돌변하여 갑자기 판매를 강요하는 순간, 그간 쌓아온 신뢰가 한꺼번에 와르르 무너질 수 있습니다.

그 후 몇 차례의 데이트가 더 이어지고, 서로의 생각을 직간접적으로 나누다 보면, 진지한 관계를 시작할 수 있는 단계가 옵니다. 상대는 당신을 어느 정도 잘 안다고 생각하고 있고, 신뢰와 호감 또한 꽤 형성되었습니다. 이 상황에서는 오히려 관계를 질질 끄는 게 독이 됩니다. 첫 만남에나 할 커뮤니케이션을 이 단계에서 하고 있다고 생각해보세요. 다시 어색한 사이로 돌아갈지도 모릅니다. 이 단계에서는 상대에게 확신을 주고, 고백을 해야 합니다.

이때가 바로 HOT 단계입니다. HOT 단계의 고객은 이미 구매할 준비가 모두 끝난 사람들, 또는 이미 당신한테 작은 것 하나라도 구매해본 경험이 있는 사람들을 포함합니다. 이 단계에 있는 사람들에게는 상품의 충성도를 높이고, 지속적인 관계를 유지하기 위해서 이전보다 더 매력적인 제안과 적극적인 판매 메시지를 던져볼 수 있습니다.

고객을 관리하는
프로그램

고객과의 관계 온도를 정확하게 파악하기 위해 고객 리스트 관리가 가능한 도구를 사용하는 것을 권합니다. 저는 '태그'로 연락처를 관리할 수 있는 이메일 리스트 관리 프로그램을 주로 사용합니다. '태그tag'란 연락처에 사용자가 남기고 싶은 메모를 남겨놓는 기능이라 이해하시면 쉽습니다.

영업으로 훌륭한 실적을 거둔 세일즈맨이 성공의 비결을 묻는 질문에, 고객을 만난 후 그들에 대해 하나하나 메모해둔 파일을 보여주는 모습을 본 적이 있습니다. 요즘 이메일 소프트웨어들은 이러한 메모를 자동으로 붙여주는 '태그' 기능을 포함하는 것들이 많습니다. 가령, 당신이 보낸 중요한 메일을 읽었는지 여부와 메일에 포함된 링크에 접속했는지 여부를 추적하고, 그에 따라 태그를 달아둘 수도 있습니다. 당신이 보내는 중요한 메일을 매번 읽고, 링크도 매번 클릭하는 잠재 고객이라면 WARM 또는 HOT 단계의 고객이라 추정할 수 있습니다.

저는 제가 판매하는 상품을 한 번이라도 구매한 고객의 경우 'Buyer'라는 태그를 달아 더욱 각별하게 관리하고 있습니다. 이메일 자동화 소프트웨어는 사전에 설정한 대로 이메일 발신을 관리하고, 행동을 추적하여 태그를 일괄적으로 표시할 수 있습니다. 이후에는 특정 태그가 달린 연락처만 필터링하여 마케팅을 할 수 있고, 태그에 따라 보내는 메시지의 내용과 자료를 달리하여 관계의 온도에 맞는 커뮤니케이션을 할 수 있습니다.

제가 사용하고 있는 프로그램과 유용하게 활용할 수 있는 프로그램들을 아래 링크에 소개해두었으니 도움이 되실 겁니다.

자동화를 위한 프로그램 알아보기
카메라 앱으로 오른쪽의 QR 코드를 스캔하세요

CHAPTER 6

트래픽 만들기:
고객의 유입 경로를 구축하는 법

이제 정말 묻고 싶은 질문이 생기셨을 것입니다. 그렇다면 COLD 단계에 있는 고객들을 어디에서 만날 것인가? 또, 첫 만남부터 HOT 혹은 WARM 단계인 고객들을 만날 경로는 없는 것인가? 이와 같은 궁금증을 해결하기 위해 살펴볼 것이 바로 '트래픽 만들기'입니다.

트래픽은 직역하면 '교통'이라는 뜻이지만, PC용어로는 온라인상에서 주고받는 데이터의 양을 의미합니다. 흔히 디지털 마케팅 영역에서 '고객 트래픽'이라 하면, 여러분이 만들어 둔 온라인 공간에 들어오는 사람들의 유입 데이터를 뜻합니다. 쉽게 말하자면, 홈페이지에 들어오는 방문자 수를 나타낸다고 보서도 무방합니다.

앞서 제가 마케팅과 세일즈를 사업에 있어 혈액이라고 비유한 적이 있습니다. 트래픽은 산소라고 비유할 수 있습니다. 산소가 혈액을 통해 우리 몸에 유입되어 세포 곳곳으로 이동하듯이, 사업에 지속적인 트래픽이 유입되어야 회사가 생존할 수 있습니다. 고객 트래픽이 일어나지 않는다면, 당장 그 원인을 파악하고 문제를 해결하기 위해 노력해야 합니다. 고객 트래픽이 없는 사업은 망할 수밖에 없습니다.

앞서 COLD 단계의 잠재 고객을 '처음 만나는 낯선 사람'이라고 했습니다. 여러분은 누군가의 소개를 통해 사람을 만나기도 하고, 모임이나 파티에서 우연히 인사를 나누기도 할 겁니다. 카페나 음식점에서 무작정 말을 걸어 만날 수도 있습니다. 요즘에는 소셜 미디어를 통해 사람들을 만나는 방법도 있지요. 만약 여러분이 온라인상에서 인지도가 있다면, 굳이 나가서 애를 쓰지 않아도 새로운 사람들을 만날 방법은 무궁무진할 겁니다.

고객 트래픽을 만드는 것도 이와 동일합니다. 다양한 경로를 통해 COLD 단계의 잠재 고객을 만나고 '접점 만들기'를 시도할 수 있습니다. 저는 이 경로들을 크게 네 가지로 묶어서 설명하곤 합니다. '노력', '돈', '입소문', '제휴'가 바로 그것입니다.

(1) 노력: 고객에게 도움이 될 정보를 담은 콘텐츠를 온라인 상에 배포한다

비용을 크게 들이지 않고 고객 트래픽을 만드는 방법입니다. 다만 충분한 시간과 노동력이 투입되어야 합니다. 온라인에서 직접 활동하며 고객 유입을 유도하는 방법들이 이에 해당합니다.

(사례 1)

이상적인 잠재 고객이 있을 만한 온라인 커뮤니티에서 적극적으로 활동합니다. 정보를 나누며 인지도와 권위를 쌓고, 답변할 수 있는 질문들이 올라오면 도움을 주어 호감도를 높여나갑니다. 어느 정도 신뢰를 구축한 후에는 미끼 콘텐츠 배

포를 위해 리드 생성 웹페이지를 자연스럽게 공유하여 관심
층을 유입시킵니다.

(사례 2)

소셜 미디어 채널을 운영합니다. 페이스북, 인스타그램,
블로그, 유튜브, 틱톡 등 플랫폼을 확정하고, 이상적인 고객에
게 도움이 될 정보를 담은 콘텐츠를 정기적으로 발행합니다.
소셜 미디어는 하루아침에 수많은 팔로워를 거느린 채널이
되어 고객을 줄줄이 데려오거나 할 수 있는 영역이 아닙니다.
장기전으로 대비해야 합니다. 좋은 콘텐츠를 기반으로 한 꾸
준한 관리가 필요합니다. 각 플랫폼의 특성에 따라 계정 성장
을 위한 전략과 노하우가 다르므로, 해당 플랫폼 관련 지식과
사용자 특성을 반드시 알아보고 시작하는 것이 좋습니다.

(2) 돈: 고객의 유형에 맞는 광고를 집행한다

말 그대로 비용을 들여 고객의 유입을 만드는 방법입니
다. 가장 흔한 방법이 '광고'입니다. 돈을 낭비하지 않고 최적

의 고객 유입을 끌어내기 위해서는 우선 이상적인 고객상을 명확하게 확립할 필요가 있습니다. 그들이 어디에서 정보를 얻고, 어디에서 활동하는지 알게 된다면, 훨씬 더 빠르고 확실한 광고 효과를 낼 수 있습니다.

필수적으로 고려해볼 광고를 꼽아보자면 페이스북과 인스타그램 광고, 구글 디스플레이 광고가 있고, 국내 검색엔진을 활용한 것으로는 네이버 키워드 광고가 있습니다. B2B 비즈니스를 하고 있다면, 링크드인도 염두에 두는 편이 좋습니다.

특히 광고마다 유입할 수 있는 고객의 유형이 다르니 미리 살펴보시길 바랍니다. 네이버 키워드 광고는 '구매 모드' 또는 '정보 탐색' 단계에 있는 고객을 노리기에 더 적합합니다. 구글 디스플레이 광고 및 페이스북, 인스타그램 광고는 고객 피라미드 하단에 위치하는 고객들을 유입시키기에 적합합니다. 시선을 사로잡을 수 있는 소재와 흥미를 유발하는 카피를 통해 클릭을 받아내고 트래픽을 유입시키는 형태로 진행합니다.

⑶ 입소문: 상품 혹은 서비스의 가치를 공유하는 고객을 발굴한다

　당신의 상품에 만족하는 고객들이 생긴다면, 그들은 입소문을 내는 존재가 될 수 있습니다. 기존 고객이 잠재 고객에게 상품을 추천하고, 그렇게 유입된 잠재 고객이 구매 고객이 됩니다. 입소문을 통해 발생하는 트래픽은 돈도 들지 않을뿐더러, COLD 단계 보다는 WARM 단계 이상으로 추정할 수 있는 트래픽이 많기 때문에 다음 설득 과정으로 진행하기가 수월합니다. 아는 사람의 추천과 소개로 이미 신뢰가 어느 정도 형성되어 있기 때문입니다.

　그렇다면 이러한 입소문은 기존 구매자들만 낼 수 있는 것일까요? 사실 입소문은 구매자만 내는 것이 아닙니다.

　지금까지 제가 이야기한 가치 기반 마케팅은 잠재 고객에게 도움이 되는 미끼를 제공하는 것을 시작으로, 계단 콘텐츠를 통해 지속적인 가치를 선사하면서 마케팅이 이루어집니다. 이 과정에서 도움을 받고 가치를 느낀 잠재 고객 중 일부는 이 정보를 공유하는 행동을 보입니다. 즉, 세일즈 퍼널은 잠재 고객의 입소문을 자동으로 생성하는 효과도 가지고 있는 것입니다.

이 밖에도 잠재 고객은 받은 정보가 신뢰할 만한지 확인하고자 공유하기도 합니다. 본인과 비슷한 취향과 관심사를 공유하는 지인에게 정보를 공유하고, 그들의 평을 바탕으로 판단 근거를 마련하는 것입니다. 일종의 레퍼런스 체크를 하는 것인데, 이런 과정을 통해서도 유의미한 트래픽이 발생할 수 있습니다.

(4) 제휴: 상품 혹은 서비스를 함께 소개할 파트너를 찾는다

제휴는 입소문을 증폭시킬 수 있는 트래픽 유도 방법입니다. 제휴 관계를 맺은 파트너사 또는 충성 고객에게 소개를 통한 판매 발생 시 대가 지급을 약속하고, 입소문을 유도하는 방식입니다. 제휴 마케팅이라고 부르는 것들이 이 방식에 속합니다. 고객이 다른 고객을 소개하면 제휴 수수료를 제공하는 것입니다. 프랜차이즈의 경우 가맹점주가 다른 가맹점주를 소개로 데려와 신규 가맹계약이 이루어졌을 때, 소개에 대한 인센티브를 제공하는 형태로 진행할 수 있습니다.

단, 제휴 대상자의 신뢰도와 평판에 따라 기업의 이미지가 좌우될 수 있기 때문에, 신중하게 제휴 대상자를 선정하는 것이 바람직합니다. 평판이 좋지 않은 파트너와 제휴 관계를 맺을 시 기업의 평판까지도 악영향을 받을 수 있다는 점을 항상 고려하고 전략을 수립하시길 권합니다.

이상으로 네 가지의 트래픽 생성 경로를 살펴보았습니다. 어떤 트래픽 경로도 소홀히 여길 것이 없습니다. 다양한 경로를 최대한 활용하여 유의미한 트래픽을 만드는 방향으로 나가야 합니다.

간혹 여러 트래픽 경로를 동시다발적으로 운영하는 것이 좋은지, 하나씩 구축하는 것이 좋은지를 궁금해하시는 분들이 있습니다. 저는 전체 채널을 모두 열어둔 상태에서, 하나씩 최적화하는 방식으로 관리합니다. 구글 광고, 페이스북 광고, 인스타그램 광고, 네이버 광고 등을 모두 최소한으로 세팅하고, 소셜 미디어 플랫폼마다 되도록 채널을 개설합니다. 그리고 집중할 채널 하나를 정하여 충분한 유입과 전환이 나올 수 있도록 만들고, 그리고 다음 채널에 집중하는 방식을 사용합니다.

키워드 광고 진행 시
반드시 알아야 할 것

고객 트래픽 생성 경로 중에서 '돈'을 들여 광고를 집행하는 경우를 말씀드렸는데, 덧붙여 전할 내용이 있습니다.

간혹 광고에 대해 이렇게 생각하시는 분들이 있습니다. '고객 피라미드 상위에 속한 고객을 끌어당기는 키워드 광고에만 힘을 쓰는 게 효과적인 것 아닐까?' 키워드 광고는 당장 구매할 마음이 있는 고객을 효과적으로 끌고 올 수는 있습니다. 그렇다면 정보 탐색 단계에 속한 고객들은 어떨까요? 이들은 여러분과 경쟁사의 광고를 오가며 광고비 지출을 늘리게 만드는 요인입니다. 정보 탐색 단계의 고객을 피라미드 최상단까지 끌어올릴 수 있는 마케팅적 준비가 마련되지 않는다면, 키워드 광고는 마케팅 비용을 늘리는 원인이 될 수밖에 없습니다.

그럼에도 기업을 운영하는 독자님들 중에는 현재 대행사를 통해 키워드 광고에만 매달 수백만 원에 달하는 비용을 지출하는 분들이 있을 것입니다. 그런데 키워드 광고 대행을 전문으로 하는 마케팅 대행사의 수익 모델을 알게 된다면, 오로지 키워드 광고에만 의존하는 마케팅 위임은 절대로 하지 않으실 겁니다. 다음 내용을 잘 읽어보신 후 키워드 광고 대행 서비스를 이용하는 것에 대해 충분하게 숙고해보시기 바랍니다.

일반적으로 키워드 마케팅 대행업체는 광고주가 지출한 광고비 일부를 매체사로부터 수수료로 받습니다. 여기서 매체사는 네이버, 카카오 등 키워드 광고 상품을 운영하는 주체를 의미합니다. 쉽게 말해, 광고주가 네이버 키워드 광고로 100만 원을 소비하면, 광고 대행사는 네이버로부터 해당 금액의 일부를 수수료로 받는 식입니다. 수수료 비율은 대행사 등급마다 다르나, 통상적으로 20% 이하라고 보시면 됩니다.

여러분이 키워드 마케팅 대행사를 운영한다고 생각해보시면 이해가 빠르실 겁니다. 대행사의 입장에서, 광고주가 한 푼이라도 광고비를 줄일 수 있게 도와줄 동기가 있을까요? 효율 높은 광고를 위해서는 충분한 시간을 두고 광고주의 사업을 이해할 수 있어야 합니다. 그러나 광고비를 더 쓰게 만들어야 수익이 높아지는 구조에서는 광고주에게 효율성 좋은 키워드를 하나라도 더 찾고, 광고비 절감을 목표로 노력하는 대행사가 많기는 어렵습니다. 현실은 매체사로부터 실적 압박을 받으며 기존 광고주에게 광고비 확대를 권하고, 어떻게 해서든 새로운 광고주를 끌어들여 광고비를 집행하게 만들 수밖에 없는 실정입니다.

현재 키워드 광고 대행을 맡기고 있으시다면, 대행사에 전적으로 의지하기보다 직접 키워드를 분석해보시기 바랍니다. 모든 경쟁사가 너도나도 높은 금액으로 입찰하고 있는 키워드에 굳이 광고비를 들여 전쟁할 필요는 없습니다. 여러분이 아는 만큼 요구할 수 있고, 요구하는 만큼 서비스 혜택을 얻을 수 있습니다.

키워드를 분석해보면, 당장 구매할 만한 사람들이 찾을 확률이 높은 키워드가 있습니다. 이런 키워드에 굳이 1등으로 노출되도록 입찰할 필요는 없습니다. 낮은 금액으로 입찰하고, 웹사이트 또는 세일즈 페이지로 연결합니다. 이러한 키워드로 들어오는 사람들은 구매 모드에 있을 수 있다고 판단하고, 빠르게 결정을 촉구해주면 됩니다. 반면 정보 탐색 단계 또는 문제 인식 단계 정도에서 찾아볼 만한 키워드로 판단되는 검색어는 리드 생성용 웹페이지로 연결합니다. 당장 구매를 독려하기보다 그들이 원하는 정보를 주며, 관계를 높여가는 것부터 시작할 수 있도록 전략을 구성합니다.

물론, 모든 광고 대행사들이 광고주의 광고비 절감에 대한 노력을 기울이지 않는 것은 아닙니다. 믿을 수 있는 광고 대행사를 충분히 숙고하여 고른 후, 어느 정도 시간을 두고 서비스를 맡겨보시길 바랍니다. 당장 돈을 쏟아부어 구매가 일어나는 것이 좋은 마케팅이 아닙니다. 본래 마케팅이란 하루아침에 성과가 즉각적으로 나오는 것이 아니니까요. 큰 틀에서 전략을 세우고, 고객이 올 수 있는 통로를 탄탄하게 설계하는 마케팅을 펼쳐야 장기적으로 비용을 크게 줄일 수 있습니다.

CHAPTER 7

돈 콜레오네의
거절할 수 없는 제안

영화 〈대부Mario Puzo's The Godfather〉를 보신 적이 있으신가요?
이탈리아 출신의 마피아 가문으로 미국 암흑가에 군림했던
'콜레오네 가문'의 이야기를 그린 영화입니다. 극 중 주인공
말론 브란도가 연기한 '돈 비토 콜레오네'는 가문의 막강한
조직력과 재력을 동원해, 자신에게 도움을 청하러 오는 많은
이들의 문제를 해결해줍니다. 그래서 사람들은 그를 '대부'
라고 부릅니다.

　자신이 출세하는 것을 도와달라는 부탁, 누군가를 제거해

달라는 부탁에 이르기까지 때로는 무모해 보이는 청탁들도 있지만, 그에게 요청하면 대부분 이루어집니다. 영화에서 대부 '돈 콜레오네'가 자주 하는 대사 있습니다.

"I'm Gonna make him an offer he can't refuse." ("거절할 수 없는 제안을 해야지.")

그렇습니다. 이 책에서 이야기하는 '거절할 수 없는 좋은 제안'은 바로 '돈 콜레오네 제안'을 의미합니다. 잠재 고객과의 충분한 관계 구축을 통해 신뢰가 쌓였다면, 이제 필요한 것은 거절할 수 없는 제안을 설계하고 던지는 것입니다.

여러분이 꿈꾸는 이상적인 세상은, 모든 잠재 고객이 세일즈 퍼널을 통과하는 순간 고가의 거래에 서명할 준비가 즉시 완료되는, 그런 아름다운 모습이 펼쳐지는 곳일 겁니다. 그러나 현실은 다릅니다. 냉정합니다. 고객들은 저마다의 이유로 결정을 미루고, 자금을 투자하는 결정은 자신만의 계획에 따라 내리는 것이기에 구매 앞에서 여전히 주저합니다. 다행인 것은, 이들이 그 무엇도 구매할 마음이 전혀 없다는 것은 아니라는 점입니다. 이들을 그냥 보낸다면, 귀중한 잠재 고객을 놓치는 것이 됩니다. 이때 필요한 것이 '돈 콜레오네 제안' 전략입니다.

거래 경험을 통해 신뢰는 쌓았지만, 당장 고가의 계약을 맺지 않는 잠재 고객에게는 어떻게 다가가야 할까요? 사실 거절하기 어려운 좋은 제안을 만드는 방법에는 수십 가지 크고 작은 기술이 존재합니다. 온갖 심리적 설득 장치를 활용하는 방법도 있습니다. 여기서 저는 강렬하고 파괴적인 제안을 만드는 방법을 소개하고자 합니다. 이 기법을 읽고만 끝내지 마시고 사업에 실제 적용하고, 응용하며 발전시키시길 바랍니다.

(1) 고객의 빠른 행동을 촉구하는 제안

사람은 누구나 결정을 미룬다고 했습니다. 특히 비용을 들여야 하는 구매 결정의 경우 더더욱 미루는 경향이 있습니다. 공과금 지로 용지서를 받은 뒤, 납부기한까지 미루고 미뤄본 경험이 있으시다면 이러한 고객의 특성이 더욱 잘 이해되실 겁니다.

거래를 할 때는 상대방을 서두르게 만드는 기술을 의도적으로 사용해야 합니다. 상대를 조급하게 만드는 것은 근본적으로 고객과 나 사이의 관계에서 누가 우위를 점하고 있느냐에 따라 큰 영향을 받습니다. 우위를 점한 쪽이 상대를 서두르게 할 수 있습니다.

지금껏 제가 이야기해온 가치 기반 마케팅이 효과적인 이유는, 잠재 고객에게 먼저 도움을 제공함으로써 그들에게 '필요한 존재'로 인식될 수 있다는 데 있습니다. 실적 압박에 쫓겨 조급하게 계약을 따내려고 안절부절못하는 세일즈맨의 모습을 떠올려보세요. 그럴수록 고객도 덩달아 불안을 느낄 것이고, 계약 성사의 가능성도 현저하게 떨어질 것입니다. 역으로 긴장을 풀고 계약 성사 여부와 상관없다고 생각하며 상담을 하면 어떨까요? 오히려 편안한 분위기 속에서 자신 있게 말을 하다 보니, 계약도 쉽게 성사될 수 있습니다.

즉, 이 모든 것이 관계 역학에서 어느 쪽이 우위에 있는가에 따라 달라진다는 얘기입니다. 여러분의 목표는 세일즈 퍼널을 통해 사전에 고객에게 충분한 가치를 제공함으로써, 관계 우위를 고객에게 빼앗겨 끌려다니지 않는 상황을 만드는 것입니다.

상대를 서두르게 만드는 거래 제안을 위해서는 두 가지 요소를 생각해야 하는데, 희소성과 긴급성이 그것입니다. 희소성은 수량을 바탕으로 상대를 서두르게 만드는 것이고, 긴급성은 시간을 바탕으로 상대를 촉구하는 요소입니다.

희소성

제공할 수 있는 상품의 수량이 한정되면 자연히 희소성이 만들어집니다. 희소성은 잠재 고객에게 두 가지 감정을 일으킵니다. 하나는 상품을 소유함으로써 특별한 혹은 선택받은 사람이 된 듯한 감정을 불러일으킵니다. 전 세계 소수로 제작된 한정판 명품을 소유했을 때 느끼게 되는 기분처럼 말이지요. 또 다른 감정은 포모Fear of Missing Out, FOMO라고 하는 감정으로, 본인만 뒤처지거나 혹은 중요한 것을 놓치는 듯한 감정 상태를 의미합니다. 이는 두려움에서 기인합니다.

이러한 감정은 행동을 촉구하는 역할을 합니다. 더욱이 특별한 혜택을 받은 사람으로 느끼는 만족감보다는, 혼자 중요한 것을 놓치고 있는 듯한 두려움이 구매를 촉진하는 데 더 강력하게 작용합니다. 행동 경제학적으로 분석해보면 손실에 대한 두려움이 무언가를 얻고자 하는 욕구보다 훨씬 강하게 행동을 유발하는 감정임을 알 수 있습니다.

희소성을 유발하는 기법은 다음과 같이 세 가지로 나눌

수 있습니다. 각각의 예시도 살펴보겠습니다.

1. 한정된 수량 혹은 한정된 인원에게만 본 상품을 제공합
   니다.
2. 한정된 인원에게만 상품 구매 시 혜택(특전 및 사은품)
   을 제공합니다.
3. 구매 가능 시기를 제한하여 상품을 제공합니다.

눈에 보이는 실물 상품을 판매하는 경우, 희소성을 유발
하는 요인을 어렵지 않게 떠올릴 수 있을 것입니다. 색상, 디
자인, 사이즈, 포장 형태 등 다양한 요소를 조절해 한정된 수
량을 시장에 내놓고, 그것을 강조하는 것만으로도 효과를 낼
수 있습니다.

• 친환경 소재로 만든 한정판 파우치! 사이즈별로 200개
  씩만 제작했습니다.

서비스 기반의 사업을 하는 경우 응용을 어려워하는 분
들이 있는 듯하여, 여러 형태로 나누어 몇 가지 예를 더 살펴

보도록 하겠습니다. 우선, 서비스를 하나로 통일하고, 기간에 따라 한정된 인원만 고객으로 받습니다.

- 매월 5분의 고객만 받고 있습니다.

다음으로 서비스의 등급을 다양화하고, 등급별로 한정된 인원만 고객으로 받습니다.

- VIP 서비스는 10분에게만 제공합니다. 현재는 모든 정원이 초과하여 결원이 생기는 경우에만 연락을 드리고 있습니다. GOLD 서비스는 30분 한정으로 제공되고 있으며, BLUE 서비스는 100분 한정으로 서비스를 경험해보실 수 있습니다.

한정된 인원에게만 특전 제공해도 좋습니다.

- 패키지 서비스를 구매하신 50분에게만 특전으로 1:1 상세 서비스를 제공합니다. 자리가 빨리 소진될 수 있으니 서둘러 주세요!

희소성의 효과는 솔직함이 담보될 때 빛을 발합니다. 당장 하루아침에 1만 명의 고객이 몰려온다면, 그들을 감당하기 어려울 것입니다. 서비스 사업을 한다면, 여러분이 감당할 수 있는 적정 고객 인원수의 75% 정도만 한정 인원으로 제시하는 것이 좋습니다. 이를 통해 희소성이 형성되고, 구매 고객에게는 충분한 시간을 들여 더욱 만족도 높은 서비스를 제공할 수 있습니다. 이는 후에 가격 인상을 더 수월하게 만들어주고, 결과적으로 사업의 수익성을 높여줍니다.

단, 희소성을 부각할 때 빈번하게 거짓말을 하지 마실 것을 당부 드립니다. 100개 한정으로 판매한다고 공표한 후, 시차를 두고 앵콜판매를 하는 것까지는 나쁘다고 말씀드리지 않겠습니다. 그러나 주기적으로 앵콜판매를 하고, 한정이라고 이야기한 것이 무색할 정도로 상품을 판매하는 분들이 있습니다. 고객은 빠르게 학습합니다. 언제든 다시 제품을 시장에 풀어버리는 '무의미한 희소성'이라는 것이 인지되면, 고객은 더 이상 당신의 상품을 구매할 때 서두르지 않습니다.

긴급성

긴급성은 시간으로 조급함을 만드는 기법입니다. 마감 일정, 즉 데드라인을 잡지 않고 직원에게 업무 지시를 내려본 경험이 있다면, 그 중요성을 누구보다 잘 아실 겁니다. 데드라인이 없을 때는 업무가 늘어질 대로 늘어지는 경향이 있습니다. 그렇기에 데드라인은 거래에서도 필수적인 요소라고 할 수 있습니다. 언제까지 계약서에 서명할 수 있는지 명확한 시간을 한정하여 고객의 행동을 촉구하는 것입니다. 긴급성 유발을 위한 기법도 예시와 함께 설명해보겠습니다. 우선 그룹을 기반으로 서비스가 제공되는 업종에 한해서는 아래와 같은 방식으로 긴급성을 부가할 수 있습니다.

- 오늘 등록하고 가시면 다음 주 월요일부터 시작하는 신규반에 바로 참석이 가능하십니다. 마침 두 자리의 결원이 생겼습니다. 빠르게 수업을 수강하고 싶으시다면, 지금이 가장 좋은 조건이라고 보셔도 됩니다. 다음 주에 등록하시면 신규반이 다음 달 15일에 열리기 때문에 꽤 기다리셔야 합니다.
- 마침 신규 가맹점주님들을 모시고 진행하는 교육 과정이 다음 주에 열립니다. 오늘 예치 계약을 하시고, 다음 주 가맹점주 교육이 시작되기 전까지 잔금을 치르시면,

한 달이라는 시간을 아끼고 가맹점주 필수 교육에 바로 참여하실 수 있습니다. 이는 창업을 조금 더 빠르게 하실 수 있는 좋은 조건입니다.

위 예시는 제가 실제로 프랜차이즈 본사 기업의 마케팅을 도울 때 자주 사용하였던 세일즈 기법이기도 합니다. 시간을 아끼고 빠르게 일을 추진하고자 하는 고객에게 이러한 멘트가 좋은 효과를 발휘하였습니다. 가격을 바탕으로 긴급성을 유도하는 방법도 있습니다.

- 만약 구매를 고려하고 계신다면 이번 달 안에 결정하시는 것이 고객님에게 유리합니다. 다음 달 원자잿값 상승으로 모든 제품 가격이 최대 20% 이상 인상될 예정입니다. 지금 구매하시면 20% 할인을 받는 것이나 다름없습니다.
- 지금 바로 가계약을 하시면 오늘까지 진행 중인 할인 혜택을 그대로 적용받으실 수 있습니다. 4주 간격으로 번갈아 행사를 진행하고 있지만, 이번처럼 고객님에게 전적으로 유리한 특별한 조건은 다시 없을 예정입니다.

위 기법은 앞서 언급했던 두려움의 감정(포모 감정)을 일으키고 그것을 통해 빠른 행동을 강하게 촉구하는 역할을 합니다. 이처럼 '가격 인상의 예고'나 '할인 혜택의 종료 안내'와 더불어, '가격 이점이 있는 보너스 혜택의 제공 기한 종료'를 제시해 긴급성을 만드는 방법도 있습니다.

- 오늘 구매하시면 무료 설치 혜택을 누리실 수 있습니다. 설치비용 15만 원이 절감되므로 가격 면에서 큰 혜택을 얻으시는 것입니다. 오늘 자정 전까지만 유효합니다.

긴급성 유도는 희소성과 함께 사용되어 고객을 서두르게 만드는 방법으로 널리 사용됩니다. 보통 긴급성 유도만 사용하거나 희소성만 강조하는 경우는 잘 없습니다. 데드라인을 설정하고 수량까지 한정하여, 수량이 소진될 때는 조기 종료될 수 있음을 내세우는 방법으로 고객의 행동을 독려할 수도 있습니다.

• 신규 오픈 이벤트로 이번 주 일요일까지만 100명 한정으로 반값 등록을 진행하고 있습니다. 100명을 초과하면 날짜와 상관없이 이벤트가 조기 종료될 수 있습니다.

(2) 가격 저항을 제거하는 제안

동일한 상품이라도 가격을 제시하는 방법에 따라 고객 입장에서는 전혀 다른 의사결정을 내리도록 유도할 수 있습니다. 금액의 차이가 아니라, 가격에 대해 고객이 느끼는 '충격의 차이'를 부각하는 방법입니다. 이 기법은 제안 성사 확률을 높이는 데 탁월한 효과가 있습니다. 가격 저항을 줄이기위해 제가 자주 사용하는 세 가지 방법을 소개하겠습니다.

1. 투자 대비 얻을 수 있는 것을 강하게 어필합니다.
2. 전략적인 비교를 통해 이점을 느끼게 만듭니다.
3. 상품을 만드는 데 투자된 비용을 강조합니다.

첫 번째, 상품을 구매함으로써 줄일 수 있는 손실이나 얻을 수 있는 가치를 금액으로 환산하여, 고객이 확실하게 인지할 수 있도록 제안을 구성하는 방법입니다. 추상적으로 느껴질 수 있는 가치를 지불하는 비용과 비교하여 직접적으로 체감할 수 있게 만듭니다. 상품이 지닌 가치가 지불할 가치보다 훨씬 큰 가치라고 설득하여 매력적인 제안으로 보이도록 합니다.

- 저희 솔루션을 도입한 고객사 200곳 이상이 평균적으로 월 150만 원 이상의 비용을 절감하고 있습니다. 이미 검증된 시스템으로 지금도 문의가 계속해서 들어오고 있습니다. 비용은 월 29만 원입니다. 월 비용 절감 효과를 따지면 도입하지 않을 이유가 없는 솔루션이라고 자신 있게 말씀드릴 수 있습니다.
- 이 세일즈 강의를 들은 수강생 50명은 현재 3배 이상 증가한 월수입을 얻고 있습니다. 모든 결과가 수강 후 1년 이내에 나오는 것을 보면, 몇몇 수강생에게만 일어난 우연이라고 볼 수 없습니다. 월 소득을 3배 이상 높이는 데 79만 원밖에 들지 않습니다. 마감이 얼마 남지 않았습니

다. 지금 바로 신청하세요!

이러한 기법을 쓸 때는 허황된 주장으로 느껴지는 것이 아니라, 객관적으로 타당하다는 느낌을 받을 수 있도록 구체적인 수치나 실제 사례 등을 가미해 내용을 구성하는 것이 좋습니다. 여기서 중요한 점은 제가 '객관적으로 타당하게'가 아니라, 고객이 '객관적으로 타당하다는 느낌을 받을 수 있게'라고 한 부분입니다. 완벽한 논리로 무장할 필요는 없습니다. 고객은 논리가 아닌 감정으로 구매한다는 것을 잊지 마십시오. 고객 스스로 자신의 구매 결정이 합리적인 결정이었음을 납득하게 만드는 적당한 논리면 충분합니다.

두 번째로 전략적인 비교를 통해 이점을 느끼게 만드는 방법입니다. 오토바이를 판매할 때, 타사의 모델과 비교하는 것은 가격 경쟁의 늪으로 들어가는 길입니다. 오토바이를 반드시 오토바이와 비교할 필요는 없습니다. 도보로 걷는 것과 오토바이를 비교하는 것, 또는 자동차와 오토바이를 비교하는 것이 훨씬 좋은 전략입니다.

가령 일반적으로 영어 교재는 한 권에 비싸야 3만 원이 넘지 않는 것이 시장 가격입니다. 이런 상황 속에서, 영어 교육용 전자책을 10만 원에 팔고자 한다면, 일반 책과 비교했을 때 가격에 대한 충격을 완화하기가 어렵습니다. 이때는 책과 책을 비교하는 것이 아니라, 책과 강의를 비교하는 방법을 생각할 수 있습니다.

- 스타 강사 이×× 선생님의 오프라인 강의를 듣고자 한다면, 수강료 80만 원은 물론이고, 집에서 학원까지 오고 가는 시간, 그리고 교통비까지 고려하셔야 할 겁니다. 그럼에도 치열한 수강 신청에 밀려 정원 초과로 수업에 참여하지 못하는 불상사를 겪을 수도 있습니다. 이제는 걱정하지 마세요! 이 책을 이용하면 이×× 선생님의 강의 내용을 그대로 학습하실 수 있습니다. 단돈 10만 원으로 원하는 시간에 자유롭게 국내 최고의 강의로 공부하세요!

이 기법을 자유자재로 사용하여 매력적인 거래 제안을 만들 수 있다면, 가격 경쟁에서 보다 자유로워질 수 있습니다. 영미권의 수많은 카피라이터들이 필수적으로 사용하는 기술이므로, 꼭 응용해보시기 바랍니다.

세 번째는 상품을 만드는 데 들어간 투자 비용을 어필하는 방법입니다. 고객으로부터 '이 상품은 이런 가격을 받을 만하다'라는 반응을 끌어낸다면 판매는 더욱 수월해질 것입니다. 간혹 가격대가 높은 고급 식당에서 최고급 재료를 어렵게 공수하는 과정을 설명하는 모습을 볼 수 있습니다. 한쪽 벽면에 재료에 대한 소개글을 만들어 붙여놓기도 하고, 직원이 직접 설명하기도 합니다. 고객이 가격이 비싼 이유를 거부감 없이 받아들일 수 있도록 분위기를 조성하는 것입니다.

- 저희 프랜차이즈의 핵심 메뉴인 등갈비찜과 등갈비구이는 1년 3개월의 레시피 연구 끝에 개발되었습니다. 최상의 맛을 만들기 위해 10명 이상의 한식 요리 전문가를 모셔 손질부터 숙성, 소스까지 모두 새롭게 개발하였습니다. 가맹점의 핵심 경쟁력이 음식 맛인 브랜드를 만들기 위해 노력하고 있습니다. 저희가 이 레시피에 들인 금액만 10억 원이 넘습니다. 자신 있는 맛을 직접 경험해보십시오.

투자 비용은 금액으로만 설명하는 것이 아니라 시간으로

설명할 수도 있습니다. '개발에만 30억 원 이상이 투자되었습니다'라는 문구와 '10년이 넘는 시간을 들여 완성하였습니다'라는 문구도 모두 투자 비용을 강조하는 방법입니다. 고객의 입장에서는 상품이 수년 또는 수십 년의 노력에 걸쳐 개발되었다고 한다면, 가격이 비싼 이유를 어느 정도 납득할 수 있기 때문입니다.

(3) 고객의 리스크를 제거하는 제안

불확실성은 고객이 상품 구매를 주저하게 만드는 가장 큰 원인 중 하나입니다. 역으로 이야기하면, 불확실성을 없애는 방법을 적극적으로 적용하면 매력적인 제안으로 바꿀 수 있다는 얘기입니다. 그 방법은 간단합니다. 리스크를 제거하기 위해 자신 있는 보증을 제시하는 것입니다. 환불을 자유롭게 할 수 있는 보증을 제공하면, 고객의 불확실성은 크게 해소됩니다.

여기서 환불 조건을 걸었을 때 환불 요청이 늘어나지 않을까 걱정하는 분들도 있을 겁니다. 그러나 환불 조건 없이 적게 파는 것보다는, 환불 조건을 걸고 판매량을 높이는 것이 매출 증대에 훨씬 효과적입니다. 막상 파격적인 환불 조건을 걸더라도 환불이 감당하기 어려울 만큼 늘어나서 곤란한 상황에 빠지는 경우는 거의 없습니다. 이미 사용하고 있는 상품을 환불하고 반납하는 것은 고객의 입장에서도 손실로 인지되기 때문입니다. 실제로 환불 조건을 걸어보면, 늘어난 판매량이 환불 요청 횟수보다 많은 것이 일반적입니다.

만약 환불 조건을 걸었을 때 감당하기 힘들 정도로 환불 요청이 많아졌다면, 사업주가 당장 고민해야 할 것은 매력적인 제안이나 설득 방법 같은 것들이 아닙니다. 이것은 상품 자체에 문제가 있다는 뜻이기 때문에, 제대로 된 상품을 만드는 데 집중할 때입니다. 엉터리 상품으로 마케팅만 잘해서 어찌어찌 판매하는 것은 사회적으로도 악영향을 끼치는 기업 활동임을 명심하시기 바랍니다.

환불 보증 방법에도 몇 가지 방식이 있습니다. 함께 살펴보겠습니다.

무조건적 환불

조건을 달지 않고 고객이 환불을 문의할 때, 무조건 환불

해주는 보증 방식입니다. 상품에 따라 단순 변심에 의한 환불도 전액 환불을 해주는 파격적인 조건을 생각할 수도 있습니다. 다만 파손 위험이 큰 제품이나 단순 변심으로 인한 환불이 다수 늘어날 수 있는 의류 등의 제품군에는 적합하지 않을 수 있습니다. 서비스 업종이나 영업 이익률이 높은 상품군에서 적극적으로 활용하면 좋습니다. 이때 특정 기간 등 부수적인 조건을 덧붙일 수 있습니다.

- 90일 이내에 불만족 시 전액 환불을 보장합니다.

조건을 걸어두는 환불

상품을 통해 고객이 얻을 수 있는 효과에 조건을 걸고, 환불을 보증하는 방식입니다. 조건이 달성되지 않으면 환불해주는 것입니다. 이때 조건은 객관적 수치에 기반한 조건을 제시할 수 있고, 고객의 주관적인 의견에 기반한 조건으로 제시할 수도 있습니다. 다음의 예시처럼 말입니다.

- 강의 수강 후 90일 이내로 성적이 20점 이상 오르지 않으면 환불을 보장합니다!

- 꾸준히 복용하고도 3개월 이내로 피로감이 개선되지 않으면 100% 환불해드립니다.

이와 유사하게 고객이 가치를 느낄 수 있는 실적에 대해서도 달성되지 않으면 돈을 받지 않겠다는 등의 보장이 가능합니다. 대표적으로 '30분 이내로 배달되지 않으면 비용을 받지 않겠습니다'라는 피자 브랜드의 보증이 이러한 예입니다.

더 나아가 환불 보증과 함께 보너스 혜택을 제시하여 강력한 제안을 구성할 수도 있습니다.

- 본 시스템을 사내에 도입하시고 비용 절감 효과가 느껴지지 않으신다면, 언제든 조건 없는 환불이 가능합니다. 만약 환불을 하시더라도 처음에 제공해드리는 기업 보고서는 반납을 요구하지 않겠습니다. 저희가 시스템에 이토록 자신 있는 이유를 3개월 만에 나타나는 비용 절감 효과로 직접 보여드리겠습니다.

(4) 같은 상품, 다른 제안

상품이 가진 특징과 상품이 제공하는 혜택은 동일하더라도, 어떻게 제안을 만드는가에 따라 고객은 전혀 다른 가치로 느낄 수 있음을 살펴보았습니다. 이번에는 조금 다른 각도에서 이 기법에 대해 더 자세히 이야기해보겠습니다. 다음 그림을 찬찬히 봐주세요.

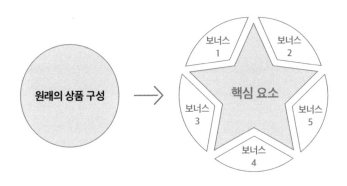

별개의 서비스로 구성된 상품을 하나의 상품으로 소개하고 있었다면, 이것을 세분화하여 제안할 수 있습니다. 실제로 상품에서 핵심이 되는 부분을 상품으로 소개하고, 나머지는

별개의 '보너스'로 구성합니다. 그리고 보너스 각각의 가치를 금액으로 제시하는 것입니다. 이 방법은 동일한 상품을 완전히 다른 상품처럼 보이게 만드는 효과가 있습니다.

다국적 광고회사 오길비앤매더Ogilvy and Mathe사의 크리에이티브 디렉터이자 부회장 로리 서덜랜드Rory Sutherland는 "광고는 상품 자체를 바꾸기보다는 상품에 대한 사람들의 인식을 바꿈으로써 부가가치를 창조한다"라고 말했습니다. 제안을 만드는 방식도 이와 같습니다. 가치는 인식에 따라 달라집니다. 똑같은 상품을 두고, 고객이 어떻게 인식하게 만드느냐에 따라 지불할 수 있는 금액 자체가 완전히 달라질 수 있다는 뜻입니다.

여기, 8주 코스로 구성된 '부동산 투자 특강'이 있다고 가정하겠습니다. 코스에는 1:1 코칭과 교재가 포함되어 있습니다. 여러분은 이 상품을 고객에게 어떻게 소개하실 건가요?

Before	부동산 투자
	특별 강의 8주 코스
	(1:1 코칭과 교재 제공)
	99만 원

After	부동산 투자 8주 코스 강의에 지금 등록하시면,
	보너스로
	• 1:1 코칭권 (25만 원 상당)
	• 투자 이론부터 실전 매매 방법까지 모든 내용을 담은
	전용 교재 (15만 원 상당)
	• 유망 투자 지역 분석 자료 (10만 원 상당)
	• 수강생과 코치가 함께하는 임장 체험 (20만 원 상당)
	⋮
	총 179만 원 상당의 혜택이 추가 제공됩니다.
	지금 바로 ~~220만 원~~ ⇒ 99만 원에 등록하시면
	이 모든 보너스를 얻어가실 수 있습니다!

이처럼 동일한 상품 구성을 바탕으로 다른 형태의 거래 제안을 만들어 큰 성과를 올릴 수 있습니다. 카피라이터 댄 케네디의 사례도 그런 면에서 참고할 필요가 있습니다. 그의 저서 《그 망할 멍청한 셈법을 당장 때려치워라Almost Alchemy》에 소개된 분할 테스트 결과를 추가로 살펴보도록 하겠습니다. 거래 제안을 잘 만드는 것이 얼마나 중요한지를 더할 나위 없이 잘 알려주는 사례입니다. 다음 상품에 대해 두 가지 다른 제안이 구성되었습니다.

> **월 47달러에 제공하는 '웨비나 자동화 프로그램'**
> (사용자가 사전에 녹화한 웨비나를 등록해두면, 신청을 받아 해당 웨비나를 자동으로 제공하는 프로그램)

제안 1

웨비나를 진행할 때 사용할 수 있는 프레젠테이션 템플릿 20종과 이메일 스크립트 및 기타 자료 모음집을 19달러에 저렴하게 판매한다. 이것을 구매할 때 웨비나 자동화 프로그램을 추가로 구매할 수 있으며 이때 첫 달 사용료를 28달러로 할인 제공한다. 궁극적으로 웨비나 자동화 프로그램의 1개월 사용료인 47달러를 내면, 프로그램 사용과 자료 모음집을 모두 얻어갈 수 있도록 제안을 구성한다.

제안 2

웨비나 자동화 프로그램을 47달러에 바로 판매한다. 단, 서비스를 사용해보기만 하면 20종의 프레젠테이션 템플릿을 놀라운 보너스 선물로 제공한다고 제안한다.

당신은 어떤 제안에 더 눈길이 가나요? 제안 2가 바로 댄 캐네디가 구성한 것이었습니다. 웨비나 자동화 프로그램이라는 동일한 상품과 월 47달러라는 동일한 가격, 그러나 두 제안에 따른 실적은 크게 달랐습니다. 댄 캐네디는 이러한 제안의 변화를 그야말로 '돈을 만드는 연금술'이라고 표현했습니다. 당신도 고객이 거절할 수 없는 제안을 만들기 위해 충분한 고심을 해보시길 바랍니다.

제안 1 매출 성과	제안 2 매출 성과
프로그램 재구매 = 34건	프로그램 재구매 = 153건
총 판매액 = 3,441달러	총 판매액 = 7,191달러
총 재구매 판매액 = 1,598달러	총 재구매 판매액 = 7,191달러

이것으로 스테로이드 1단계와 2단계를 모두 살펴보았습니다. 머릿속에 전체적인 흐름이 분명하게 떠오를 수 있도록 제가 스테로이드 기법을 아주 간략하게, 다시 정리해보겠습니다.

여러분의 마케팅은 '구매 모드'에 있는 3%의 고객이 아닝, 나머지 97%의 고객을 모으고 설득하기 위한 목적으로 설계돼야 합니다. 잠재 고객을 모으기 위해서는 그들에게 도움이 될 수 있는 '미끼'를 만들어야 합니다. 이 미끼는 리드 생성용 웹페이지를 통해 배포합니다. 리드 생성용 웹페이지는 고객의 연락처를 받고, 그 대가로 미끼를 제공하기 위한 공간입니다.

미끼를 받은 잠재 고객은 고객 리스트로 쌓이고, 이제 마케팅은 이 리스트와의 관계 온도를 높이기 위한 작업에 초점이 맞춰져야 합니다. 고객에게 도움이 되는 콘텐츠도 지속적으로 제공해야 하는데, 이를 '계단 콘텐츠'라고 합니다. 계단 콘텐츠를 통해 신뢰 관계가 충분히 형성된 고객에게는 '거절할 수 없는 좋은 제안'을 던져 거래를 성사시킵니다.

이처럼 잠재 고객의 연락처를 확보하고, 가치 있는 정보를 제공한 후 적절한 제안을 던지는 전체 과정을 '세일즈 퍼널'이라고 합니다. 퍼널이 구축되면 새롭게 들어오는 트래픽을 고객으로 전환시키는 데 아주 유용합니다.

이 책에서 알게 된 내용을 지금 운영 중이거나 준비하시는 사업에 꼭 적용하시길 바랍니다. 그리고 될 수 있으면 이 책을 잘 보이는 곳에 두시면 좋습니다. 일을 하다 문득 이전과 달라진 점이 없다고 느껴지실 때마다 스테로이드 1단계와 2단계를 다시 순차적으로 읽어보시기 바랍니다. 참고로 지금까지 설명한 마케팅 방법은 제가 매년 몇 차례의 무료 온라인 클래스로 제공하는 내용이므로, 일정이 가능하시다면 저의 마스터 클래스에 참여를 신청해 이해되지 않은 부분에 대해 자세하게 배워보셔도 좋습니다.

이제 고객을 사로잡기 위한 궁극의 방법을 찾는 이 기나긴 여행의 끝이 보이고 있습니다. 다만 아직 자신의 사업 영역에서 스테로이드를 어떻게 주입하면 좋을지 감이 완전하게 오지 않은 분들도 있을 것이기에, 비즈니스 스테로이드를 적용한 다양한 사례들을 추가로 더 준비했습니다. 마지막까지 꼼꼼히 읽어보시길 바랍니다.

BUSINESS
STEROID

비즈니스 스테로이드를
성공적으로 복용한 사례

✸

"어떤 느낌의 마케팅을 하라는 것인지, 어느 정도 이해가 됩니다. 그렇지만 제 사업 분야에서 어떻게 이 방법을 적용해야 할지 전혀 감이 오지 않는데요."

제가 이 방법론을 전하면서 가장 많이 듣는 이야기입니다. 사람들은 자신의 문제만 유난히 더 특이하다고 생각하는 습성이 있습니다. 다른 영역에서는 통할지 모르겠지만, 자신의 사업 분야에서만큼은 이 방법이 적용되지 않을 것 같다고 말합니다. 혹여 여러분 또한 그런 생각을 하고 있을까 봐 이 PART를 준비했습니다. 다양한 유형의 비즈니스에 스테로이드 방법을 주입하도록 하겠습니다.

실체가 있는 '제품'을 판매할 때 스테로이드 방법론을 적용하는 것은 어렵게 느껴지지 않습니다. 저렴한 제품의 경우 한정된 인원에게 신청을 받아 샘플을 제공하는 방식으로 미끼를 쉽게 만들 수 있습니다. 안마 의자처럼 고가의 제품이라면 체험 기간을 제공하는 방식을 사용할 수도 있습니다. 또는 제품이 해결해줄 수 있는 문제(허리 통증 완화 등)에 초점을 맞춰, 그에 대한 진단을 돕는 방식을 고려할 수도 있습니다.

신혼부부를 대상으로 하는 혼수 가전을 예로 들어보겠습니다. 결혼을 준비하는 연인에게 도움이 되는 정보를 전함과 동시에, 혼수 가전 장만 팁을 제공해보면 어떨까요? 더 많은 정보를 얻을수록 구매하고 싶은 고객의 욕구 또한 커질 것입니다. 처음에는 조촐하게 혼수를 시작하고 싶었던 이들도, 알게 되는 것이 많아질수록 최신 혼수 가전에 눈길이 가기 쉽고, 뒤이어 구매까지 이어질 확률이 높습니다. 이처럼 제품을 판매할 때 명확한 타깃층을 설정해둔다면, 스테로이드 방법론을 적용하는 것은 어려운 일이 아닙니다.

그렇다면 당장 사용했을 때 편리함을 느낄 수 있는 소프트웨어 프로그램 같은 유형의 제품은 어떨까요? 많은 프로그램 서비스들이 무료 사용 기간을 설정하는 사례를 종종 보셨을 것입니다. 이미 상품화된 프로그램은 무료 사용 기간을 제공해도 원가가 크게 늘어나지 않기 때문에, 더 수월하게 가치 기반 마케팅을 전개할 수 있습니다.

사내 메신저 프로그램을 제공하는 회사라면, 아직 사내 메신저 사용의 필요성을 인지하지 못하고 있는 고객사를 설득하기 위한 퍼널을 설계할 수 있습니다. 가령 '부서별 생산성을 높일 수 있는 10가지 경영 노하우'라는 주제를 담은 자료를 미끼로 배포하여, 생산성 향상에 관심이 높은 사업주 또는 기업 의사결정권자들의 리스트를 모으기 시작합니다.

자료 속에는 사내 메신저의 활용 방법과 사내 메신저 사용이 생산성에 미치는 긍정적 영향에 대한 정보를 일부 포함하여, 자료를 보는 사람이 자연스럽게 그 필요성을 느끼도록 만듭니다. 다음 단계로 사례가 담긴 조금 더 구체적인 자료를 배포해볼 수 있고, 이어서 사내 메신저의 무료 체험 기간을 제안해볼 수도 있습니다.

모든 사업 영역에서 이러한 방법은 동일하게 적용될 수 있습니다. 관심을 유발하고, 정보를 통해 교육한 후, 진단하고 제안을 던지는 것입니다. 이 단계에 따라 전략을 구성한다면 각자의 사업에 맞는 이상적인 고객 창출 경로를 만들 수 있습니다. 물론 그럼에도 다소 막연하고 모호하게 느낄 수 있는 분야가 눈에 보이지 않는 무형의 가치를 판매하는 서비스 영역일 것입니다. 이 영역을 다루거나 종사하시는 분들은 항상 더 많은 질문을 하셨었는데, 그래서 참고가 될 만한 세 가지 사례를 더 준비했습니다.

CHAPTER 1

프랜차이즈 본사의
가맹점 모집하기

•
＊
✸

제가 프랜차이즈 사업 경험을 지니고 있다 보니, 프랜차이즈 가맹점주 모집에 어려움을 느끼는 분들이 종종 도움을 청하시곤 합니다. 일반적으로 자금이 어느 정도 확보된 상황이라면, 예비 가맹점주가 될 고객을 만나기 위해 창업 박람회에 나갈 수 있습니다. 그러나 박람회에 참여할 만큼 자금이 넉넉지 않다면, 잠재 고객을 만날 수 있는 경로에 대해 막연한 것이 사실입니다.

간혹 '프랜차이즈 영업 대행'이라는 업체에 영업을 위임하여, 계약마다 상당한 인센티브를 지급하며 가맹점주를 모집하기도 합니다. 이럴 때는 계약이 성사되더라도 지출되는 비용이 워낙 많기 때문에 본사 입장에서는 남는 게 별로 없습니다. 하지만 이조차 하지 않으면 가맹점주 모집이 사실상 불가능하기에 울며 겨자 먹기로 이런 영업 대행에 의존할 때가 많습니다.

사실 이런 프랜차이즈 사업도 스테로이드 방법론을 주입하기에 적합한 분야입니다. 제가 최근 세일즈 퍼널을 구축할 수 있도록 조언을 제공한 모 배달 전문 가맹 브랜드의 이야기를 들려드리겠습니다.

해당 브랜드는 배달 전문 요식업종으로, 포장과 배달로만 음식을 제공합니다. 배달 전문점은 굳이 임대 보증금이 높은 번화가에 들어갈 필요가 없기에, 창업 비용을 절감하기가 유리합니다. 그뿐만 아니라 평수가 큰 매장을 얻을 필요도 없기에, 월세 절감에도 이점이 있습니다. 번화가의 경우 평수에 따라 임대 보증금이 크게 차이 나고 권리금까지 있으니, 창업 비용과 고정비 측면에서 배달 전문점은 분명 강점이 많습니다.

해당 브랜드는 직영점의 월 매출이 5천만 원 이상으

로, 우수한 실적을 보여주고 있었습니다. 배달로만 일 매출 150만 원 이상을 꾸준하게 냈기 때문에, 월 순수익도 적게는 800만 원에서 크게는 1,100만 원 이상 남을 정도였습니다. 자동 조리 시스템으로 운영의 편의성을 높이고, 특수 개발한 레시피로 맛 경쟁력도 가지고 있었습니다. 가맹점 계약을 하지 못할 이유가 전혀 없었습니다.

그러나 이 브랜드 역시 여느 브랜드와 마찬가지로, 신규 고객의 발굴을 가장 어렵게 느끼고 있었습니다. 어디서 어떻게 고객을 유입시켜야 할지 정확한 경로를 설계하지 못해 사업주 지인의 소개에 의존하거나, 소셜 미디어에 '창업 문의' 같은 문구나 이미지를 대강 올려놓은 상태였습니다.

이러한 프랜차이즈 사업에서는 두 유형의 타깃층을 고려해볼 수 있습니다. 한쪽은 신규 창업을 고려하는 예비 창업주이고, 다른 한쪽은 이미 사업을 하고 있으면서 업종 전환이나 브랜드 전환을 희망하는 기 사업자입니다. 우선 이 두 타깃을 각각 유입시킬 수 있도록, 두 종류의 미끼를 만듭니다.

'요식업 창업 시 1,000만 원 이상 아낄 수 있는 비용 절감 방법 5가지'라는 자료를 만들어, 소자본으로 신규 창업을 희망하는 고객 리스트를 수집합니다. 또 다른 미끼로는 '매출을 손쉽게 늘릴 수 있는 샵인샵 창업 아이템 20가지 모음집' 자료를 만들어 기 사업자 리스트를 수집합니다. 샵인샵(매장 안의 매장) 창업 아이템을 확인하고자 하는 사람들은 이미 매장을 운영하고 있으면서 매출 증대에 관심이 있을 가능성이 큽니다. 해당 브랜드는 샵인샵으로 가맹점을 내주지는 않지만, 우선 고객과의 접점을 만들어 샵인샵이 아닌 업종 전환을 유도하기 위한 용도로 미끼를 만드는 것입니다.

이제 사람들이 미끼를 보고 받아 갈 수 있도록, 트래픽을 생성합니다. 선착순으로 무료 자료를 제공한다는 광고를 페이스북, 인스타그램 디스플레이 광고로 돌리고, 운영 중인 소셜 미디어 채널을 통해서도 가맹점 창업이 아닌 미끼 자료 홍보를 적극적으로 전개합니다. 소셜 미디어 게시물을 보고 당장 수천만 원짜리 창업 계약을 하겠다고 달려올 사람은 없습니다. 일단은 무료 자료를 받아보게 만들어 천천히 계단을 올라오게 만드는 작업을 해두는 것입니다.

연락처를 제출하고 무료 자료를 받은 사람들에게는 무료 창업 강의에 참여할 수 있는 기회를 제공합니다. '가맹점 창업 설명회'가 아니라 '소자본으로 창업할 수 있는 배달 전문점 창업 팁'을 알려주는 강의를 여는 것입니다. 이곳까지 유입된 잠재 고객은 배달 전문점 창업이 왜 첫 사업으로 괜찮은지, 초기 막대한 투자 비용이 들어가는 사업보다 얼마나 합리적인지 확실하게 인지하게 됩니다.

강의 후에는 참여자에 한해 1:1 무료 교육 희망자를 받습니다. 1:1 무료 교육은 '진단'의 시간입니다. 현재 생각하는 창업 자금 규모와 진행 상황을 듣고 그에 맞는 창업 방법을 진심을 다해 조언합니다. 교육을 들으며 고객은 해당 브랜드로 창업을 시도하는 것이 좋은 선택임을 확신하게 될 것입니다. 1:1 무료 교육 자리에서, 거절하기 힘든 강력한 제안을 제공하여 가맹점 계약 고객으로 만듭니다.

대략적으로 전체 흐름과 방향을 말씀드리며 중요한 포인트를 짚어보았습니다. 미끼를 통해 얻은 고객 리스트에 창업 강의를 하나의 계단으로, 그리고 1:1 교육을 또 다음 계단으로 사용하는 것입니다. 사이사이에 창업과 관련된 정보를 이메일로 보내주는 작은 계단들도 고려해볼 수 있고, 법적인 이슈가 될 수 있는 정보 공개서 등을 제공하는 계단도 있을 수 있습니다. 기 사업자에게는 사업장을 방문하여 진단하고 상담하는 계단도 만들 수 있습니다.

CHAPTER 2

온라인 코칭 서비스의
교육생 모집하기

이번에는 최근 들어 두드러진 성장세를 보이며 대중적 관심을 받고 있는 시장의 이야기를 꺼내고자 합니다. 온라인 교육 시장의 규모는 나날이 커지고 있습니다. 그중에서도 온라인 코칭 서비스의 성장이 유독 눈에 띕니다. 코로나19 사태 이후 온라인을 통한 개인 코칭 서비스가 전 세계적으로 확산되고 있습니다. 시대 흐름에 맞춰 온라인 플랫폼에서 코칭 서비스를 제공하는 직업군을 일컫는 '버추얼 코치virtual coach'라는 용어가 새롭게 등장했을 정도입니다.

저 역시 온라인상에서 마케팅과 스몰 비즈니스를 가르치는 버추얼 코치입니다. 제 고객 중에는 다양한 영역에서 활동하는 코치들이 다수 존재하는데, 여기에서는 두 고객의 사례를 좀 더 자세히 보려고 합니다. 두 사람 모두 대중적인 영역에서 코칭 서비스 사업을 하고 있습니다.

한 분은 폭식증을 겪는 여성을 대상으로 '폭식증 극복을 위한 코칭'을, 다른 분은 자신감 결여로 인간관계에서 어려움을 겪는 사람들을 대상으로 하는 '연기 테라피 코칭'을 제공하고 있습니다. 두 사람 모두 일상적이고 누구나 한 번쯤 관심을 보일 만한 주제로 사업을 하고 있습니다. 저는 여러분이 이번 사례를 통해 자신이 몸담은 영역의 특수 상황으로 스테로이드 기법이 통하지 않을 것이란 생각에서 벗어나셨으면 좋겠습니다. 두 코치가 사업하는 영역은 아주 대중적인 분야이지만, 그럼에도 통했으니 말이죠.

폭식증 코칭 서비스는 '폭식증 자가진단 체크리스트'를 미끼 콘텐츠로 활용하고 있습니다. 자신감 코칭 서비스는 '자신감 있고 매력적인 사람으로 보이는 방법'을 주제로 한 소책자를 미끼로 사용합니다. 미끼 자료를 받기 위해 잠재 고객은 자신의 이메일 주소를 남겨야 하며, 메일을 통해 PDF

형태로 제작된 자료를 받아볼 수 있습니다.

　미끼 자료에는 문제 제기와 요점들이 잘 정리되어 있고, 마지막에는 고객과 코치 간의 접점을 만들 수 있는 장치가 들어 있습니다. 폭식증 체크리스트는 가벼운 폭식증이 의심된다면 관련 커뮤니티에 참여하기를 권합니다. 같은 문제를 겪는 사람들과 교류함으로써 자신만 고통받고 있는 것이 아니라는 위로를 받고, 어려움을 극복할 수 있도록 돕습니다. 자신감을 기르는 법을 소개한 책자에도 마찬가지로 다음 단계로 유도하는 장치를 넣어두었습니다. 글로만 읽어서는 이해가 어려울 수 있으니 무료 영상 강의를 제공한다는 문구와 함께 강의를 볼 수 있는 커뮤니티 입장을 유도합니다.

　이렇게 활동하는 개인 코치는 소셜 미디어를 통한 퍼스널 브랜딩을 통해 트래픽을 유입하는 것이 유리합니다. 소셜 미디어를 활용하면 초반에 자리 잡는 데 시간이 조금 소요되는 것이 사실입니다. 그러나 그 후에는 큰 비용을 들이지 않고도 지속적으로 트래픽을 늘리고 높은 전환율을 만들 수 있다는 장점이 있습니다. 물론 온라인 디스플레이 광고를 통해서도 트래픽을 유도할 수 있습니다. 두 코치 역시 유튜브와 인스타그램, 블로그 등을 운영하며 미끼를 뿌리는 리드 생성용 웹사이트로 주된 트래픽을 유입시키고 있습니다.

커뮤니티에 들어온 잠재 고객은 대체로 고객 피라미드의 WARM 단계 이상에 속한다고 볼 수 있습니다. 커뮤니티 가입은 다소 귀찮고 번거로운 과정입니다. 그렇기에 가입 절차를 밟으면서까지 들어왔다는 것은 관심도가 꽤 높아진 잠재 고객이라 판단할 수 있습니다. 이들에게 HOT 단계로 올라갈 적절한 계단 몇 개만 순차적으로 제공한다면, 이상적인 고객으로의 전환은 매우 수월해집니다.

폭식증 코칭 서비스는 이 단계에서 스스로 시도해볼 수 있는 '5일간의 폭식증 극복 프로그램'을 무료로 제공합니다. 간단한 설명이 곁들여진 영상 자료와 5일간의 과제가 담긴 문서 자료를 함께 제공하여 폭식증 극복 과정을 직접 경험해 보도록 하는 것입니다. 이 과정에서 가치를 느낀 참여자들은 정식 서비스인 7주간 코칭 서비스에 큰 참여 욕구를 느끼게 됩니다. 단, 5일간의 무료 프로그램에서 끝내면 안 됩니다. 이 서비스에는 계단이 하나 더 필요합니다.

5일간의 프로그램을 마친 사람들을 대상으로 주기적으로 온라인 라이브 질의응답 시간을 갖는 것입니다. 이 자리에서 사람들은 코치에게 궁금한 것을 직접 물어보고, 그 기회를 발판으로 코치와의 관계 온도가 한층 더 뜨거워질 겁니다. 여기서 인원 한정으로 코칭 서비스 등록 제안을 던져 확정 고객으로 만듭니다.

자신감 코칭 서비스에도 다음 계단이 준비되어 있습니다. 커뮤니티 안에는 무료로 볼 수 있는 세 개의 영상 강의가 제공됩니다. 책자 자료를 읽고 들어온 잠재 고객은 무료로 제공되는 영상 강의를 순차적으로 수강합니다. 현재 이 서비스는 오프라인 교육도 운영하고 있기에, 두 가지 경로로 계단을 만들 수 있습니다. 하나는 오프라인 수업이 있는 날, 무료로 수업에 참관할 수 있는 기회를 제안하는 것입니다. 책자를 읽고 무료 영상 강의를 본 후, 오프라인 수업 참여를 유도하여 최종적으로 관계의 온도를 높게 끌어올리는 것입니다. 이 방식으로 온라인 서비스보다 더 고가의 상품인 오프라인 서비스 등록을 이끌 수도 있습니다.

반면 시간이나 공간 제약으로 오프라인에 참여할 수 없는 사람들을 위해서는 폭식증 코칭 서비스와 마찬가지로 온라인 라이브를 진행합니다. 라이브에서는 공개되지 않은 새로운 강의 내용이 포함되어야 하며, 질의응답 시간과 함께 온라인 코칭 과정 등록에 대한 좋은 제안을 권합니다.

이상의 고객 획득 경로를 발판 삼아 두 코치는 기대 이상의 소득을 올리며 코칭 서비스 비즈니스를 효율적으로 운영하고 있습니다.

CHAPTER 3

전문직 업종,
사업 규모 확장하기

:
*
✹

병원과 의원이야말로 마케팅 전략에 따라 소득 규모가 극적으로 차이 나는 분야라고 생각합니다. 모두가 유사한 의료서비스를 제공하고 있으니까요. 치과를 예로 들어보겠습니다.

'치아 치료'라는 동일한 서비스를 제공하더라도 치과의 매출과 운영 규모는 각양각색입니다. 4층짜리 건물 전체를 쓰는 곳이 있는가 하면, 허름한 건물의 한쪽을 임대해 운영하며 환자가 거의 없는 치과도 있습니다. 의사의 실력에서 크게 차이가 나는 경우도 분명 있겠지만, 대개 이런 경우 마케팅의 격차가 매우 크다는 것을 느낄 수 있습니다. 피부과나 성형외과, 안과 등도 상황은 전혀 다르지 않습니다. 마케팅이 제대로 이뤄지지 않으면, 병원과 의원을 마냥 안정적인 사업으로 기대할 수는 없습니다.

다시 치과로 돌아가 스테로이드 방법론을 적용해보기 전에 제가 직접 겪은 경험부터 살짝 이야기해볼까 합니다. 사랑니로 인해 고생하신 분들이 많을 겁니다. 특히 사랑니가 날 때 느껴지는 통증과 불편함을 아실 겁니다. 운이 없게도 저는 아래쪽 사랑니 모두가 옆으로 누워서 나는 소위 '매복형 사랑니'로, 심한 통증을 참아내야 했습니다. 하루는 유독 통증이 강하게 느껴지기에 인터넷으로 검색을 하기 시작했습니다. 제가 사는 동네에서 사랑니 발치를 잘하는 곳이 어디인지 찾아보기 위함이었습니다.

부끄러운 이야기지만, 저는 치과의 마취주사를 매우 싫어합니다. 어릴 적 치과에서 마취주사를 맞다 신경을 찌르는 듯한 통증을 경험한 적이 있는데, 그때의 두려움이 트라우마로 남아 있습니다. 그래서 사랑니 발치보다도 마취주사를 맞는 것이 더 큰 걱정으로 다가왔습니다.

검색을 하던 중 저는 '사랑니 발치, 마취주사도 안 아프게'

라는 문구를 보고, 이끌리듯 한 치과에서 운영하는 블로그로 들어갔습니다. 그곳에서 마취주사를 맞을 때 통증이 크게 오는 이유에 대한 자세한 설명을 읽을 수 있었고, 저는 그 치과에 신뢰를 느끼기 시작했습니다. (마취 시 통증을 유발하는 주요 원인에는 마취액의 온도가 체온보다 낮거나 혹은 빠르게 주입되는 경우라고 합니다.)

저는 해당 치과에 예약을 하려고 전화를 걸었습니다. 그런데 환자가 많아 며칠을 기다려야 한다는 안내를 받았습니다. 저는 '무슨 치과가 이렇게 장사가 잘되나?' 하는 의문이 들었습니다. 3일 후에나 간신히 일정을 잡아 그 치과에 방문할 수 있었습니다. 큰 건물의 두 층 전체를 쓰고 있는 규모가 꽤 큰 치과였는데, 온통 대기 환자로 북적거렸습니다. 사랑니 발치로 방문했다고 접수하고, 잠시 기다리니 곧 진료실로 들어갈 수 있었습니다.

진료실에서는 치아 전체를 카메라로 촬영하기 시작했고, 더불어 사랑니 발치를 위한 별도의 X-ray 촬영이 필요하다고 하여 그 또한 진행했습니다. 진료실 의자에 기대앉아 있으니 치과 전문의가 들어왔습니다. 이때부터 저는 이 치과가 이렇게 큰 규모로 성장할 수 있는 이유를 깨달을 수 있었습니다. 치과 전문의는 사랑니 발치에 대한 소견을 상세히 말해준 후, 당장 발치는 어려워 예약 후 발치 수술을 해야 한다고 말했습니다. 그런데 사랑니 발치만 그렇게 해결하면 되겠다고 생각한 순간, 끝이 아니었습니다.

전문의는 사진을 보며 제 치아에 대한 진단을 내리고 있었습니다. 그러면서 치아 몇 개를 건드리며 아픈 부위를 찾아내기 시작했는데, 평소에는 문제가 있는지조차 몰랐던 치아에서 시린 느낌을 강하게 받았습니다. 전문의는 스케일링이 필요하다는 말과 함께 한두 개의 치아에 스케일링을 맛보기로 해주고는 진료실을 나갔습니다. 뒤이어 들어온 치위생사는 나머지 치아도 스케일링을 받고 가는 게 좋을 것 같다고 했습니다. 한차례 치석이 많이 낀 상태라는 진단을 받았기에, 저는 거절할 수가 없었습니다.

스케일링을 받고 나오니 상담실에서 옷을 세련되게 입은 상담실장이 저를 기다리고 있었습니다. 그곳에서 치과의사가 진단한 '시급하게 치료가 필요한 치아 2개'에 대한 상담이 진행되었습니다. 아무 생각 없이 사랑니 발치를 위해 방문한 치과에서 다른 문제를 발견했고, 결국 치아 당 20만 원이 넘는 세라믹 치료를 추가로 받기로 확정하고 나왔습니다.

이야기를 되짚어보면, 마케팅 계단이 순차적으로 설계되어 있다는 점을 확인할 수 있습니다. 온라인상에 잠재 고객의 문제를 꿰뚫은 글을 작성함으로써 고객과의 접점을 만들고, 방문한 고객에게는 교육과 진단을 통해 모르고 있던 문제를 인지시켜 고객에게서 최대한의 가치를 창출하는 것입니다. 직업 때문인지 저는 '충동구매를 한 것이 아닐까'라는 후회감이 밀려오거나 순진한 손님으로 속은 것 같아 분하다는 감정이 들지 않았습니다. 오히려 '이 치과가 이 정도 규모로 성장할 수 있었던 시스템이 있었네, 대단하군' 하는 생각이 먼저 들었습니다.

사실 '치과 치료'는 사람들에게 하고 싶다는 욕구를 불러일으키는 상품이 아닙니다. 아프거나 불편함을 느껴 어쩔 수 없이 찾는 경우는 있어도, 문제가 없는 상황에서 욕구를 느껴 치료받으러 가는 사람은 없을 것입니다. 그래서 만약 제가 마케팅을 하게 된다면 조금 더 보편적인 측면에서 접근하는 방법을 사용할 것 같습니다.

당장 치아가 아프거나 치주질환으로 문제를 겪는 사람들이 아니더라도, 대다수가 보편적으로 관심 가질 법한 가벼운 주제의 미끼 소재들이 많습니다. 예를 들면, 환한 미소를 보여줄 수 있는 치아 미백과 관련된 제품의 샘플이나 미백에 도움이 되는 생활 습관 안내자료 등을 들 수 있습니다. 또한 구취 제거에 관한 정보를 담은 무료 전자책이나 영상 자료, 치아 건강 뉴스레터를 발행한다면 잠재 고객 리스트를 확보할 수 있습니다. 이렇게 첫 접촉을 만든 후에는 방문을 유도하는 계단을 쓸 것입니다. 잠재 고객에게 치아 미백 치료 1회를 매우 저렴한 비용으로 체험해볼 수 있는 기회를 주는 것도 좋은 예가 될 수 있습니다.

이런 방식은 피부과에서 '점 하나 제거 당 단돈 1,000원' 같은 프로모션으로 고객 유입을 만들어내는 것과 동일한 방법입니다. 이렇게 고객이 오면 그때부터는 쉬워집니다. 치아 미백 치료의 욕구를 한층 끌어올리는 전략을 쓸 수도 있고, 치료가 필요한 다른 부분이 있다면 전문의 진단을 통해 필요성을 체감하게 할 수도 있습니다. 이들은 본인은 모르고 있지만 치아 교정이 필요한 고객일 수도 있고, 임플란트가 필요한 고객일 수도 있으니 말입니다.

그렇다면 이번에는 세무사무소에서 어떻게 이 방식을 설계해볼 수 있을지 살펴보겠습니다. 세무서 주변을 둘러보면 세무사무소들이 잔뜩 모여 있습니다. 병원과 마찬가지로 세무사무소도 규모가 천차만별입니다. 제가 세무 업무를 위임하고 있는 어느 세무법인의 대표 세무사는 30대 중반의 젊은 나이에 직원 수가 30명이 넘는 꽤 큰 규모의 세무법인을 이끌고 있습니다. 같은 세무사 자격증을 가지고도, 월급 받는 세무사를 10명 이상 고용하고 대표 자격으로 법인을 운영합니다. 어떤 차이가 이런 결과를 만들었을까요?

이 세무사 역시 차별적인 정보를 바탕으로 고객사를 끌어당기는 통로를 구축하고 있습니다. 보통 세무사무소들은 고객사의 세금 절감을 위해 세심하게 신경을 써주겠다고 홍보하곤 합니다. 그런데 이곳 대표 세무사는 절세는 세무사무소라면 당연히 해야 하는 일이라고 이야기합니다. 그는 고객사에 다른 도움을 줍니다.

사업을 하다 보면 사업 형태와 상황에 따라 적절하게 활용할 수 있는 정책자금들이 존재합니다. 그러나 사업주들은 일반적으로 바쁘기에 자신의 회사와 맞는 정책자금을 하나하나 들여다보고 챙길 시간이 부족합니다. 이런 자금들만 따로 알아보는 담당 직원이 있으면 좋겠지만, 작은 규모의 회사에서는 그마저도 쉽지 않습니다.

회사 성장에 도움이 되는 자금을 회사 상황에 맞게 받을 수 있도록 도와주는 것. 바로 이 대표 세무사의 특기입니다. 정책자금 연구와 관련된 자료를 배포하여 잠재 고객을 모으는 것도 물론이지만, 그로 인한 입소문을 통한 고객 유치가 큰 비중을 차지합니다. 사업가들은 결국 사업가들과 마주하고 어울릴 수밖에 없기 때문에, 사업 성장에 직접적으로 도움이 되는 서비스를 제공한다는 입소문이 날 수밖에 없습니다.

해당 세무법인은 세무 대리 업무는 가장 기본이 되는 업무로 보고, 회사의 수익 구조 및 재무 구조를 관리하고 적합한 정책자금을 안내하여 도움을 주는 컨설팅 업무를 더 상위의 가치 제안으로 제시하고 있습니다. 저 역시 장시간 무료 상담을 통해 회사의 향후 성장 목표, 자금 관리, 정책자금을 통한 투자 효과 극대화 등의 새로운 지식을 얻은 후 이곳에 세무 대리 업무를 맡기게 된 것입니다.

신규 법인이 설립되면, 법인 등기가 된 주소지에 마구잡이로 우편을 보내 영업을 전개하는 곳들이 있습니다. 제가 몇 차례 법인을 설립해본 결과, 거짓말 하나 없이 하루에 8곳 이상에서 동일한 형태의 우편이 날아옵니다. 모두 세무 업무에 관한 광고성 우편 또는 법인 신용카드 발급과 관련한 광고성 우편입니다. 우편물을 개봉하고 싶게끔 만드는 매력적인 카피가 있는 것도 아니고, 사업주에게 도움이 되는 가치가 담긴 것도 아닙니다. 그저 '신규 법인을 열었으니 우리에게 돈을 내고 서비스를 받으세요' 식의 이기적인 마케팅일 뿐입니다.

하지만 저와 거래하는 세무사무소는 우편물을 보내는 마케팅을 하지 않습니다. 사업주에게 사업 성장에 도움이 되는 자료를 배포할 뿐입니다. 이곳은 정책자금과 관련된 지식이 뛰어나 이것을 무기로 잘 활용하고 있는 것입니다. 고객에게 도움이 될 수 있는 정보라면 다른 주제라도 전혀 상관이 없습니다. 가치를 주는 미끼를 만들고, 고객과 접점을 만든 후 계단을 설계하여 최종적으로 구매 고객을 만든다는 과정에는 달라질 것이 없습니다.

전문직 영역에서도 스테로이드 방법을 적용한다면 보다 큰 사업으로 발전할 수 있습니다. 고객을 괴롭히는 마케팅이 아니라 고객에게 가치를 주는 마케팅. 이런 마케팅을 해야 한다는 것을 다시 한번 강조하고 싶습니다.

성공으로 향하는
여정을 앞둔 당신에게

'비즈니스 스테로이드.' 당신에게는 어쩌면 생소하게 느껴질 수 있는 판매 방정식을 함께 살펴보았습니다. 책을 읽는 동안 느끼셨는지 모르겠지만, 저는 이 방법론에 진심으로 열광하는 사람입니다.

지금까지 설명한 모든 방법을 제대로 적용하여 사업을 성장시킨다면, 회사뿐만 아니라 당신의 인생 전체에서 큰 변화를 경험할 수 있을 것입니다. 당신이 목표로 한 삶을 살아가는데, 당신의 사업이 큰 보탬이 되어주겠지요. 이는 제가 항상 감사한 마음으로 경험하고 있는 것이며, 이 경험을 당신에게 나누고자 이 책을 쓰게 되었습니다. (물론 저를 더 알리고, 제가 하는 모든 사업에 더 보탬이 되고자 하는 이유도 있습니다!)

우리는 모두 여러 가지 이유로 사업을 시작합니다. 돈을 많이 벌기 위해, 빚을 갚기 위해, 멋진 인생을 누리기 위해, 자기 아이디어를 세상에 선보이기 위해, 그리고 자유롭게 살기 위해.

그러나 이렇게 사업을 시작한 사람 중 대부분은 '사업을 만드는 사람'에서 '사업을 키우는 사람'으로 나아가지 못합니다. 사업을 만드는 사람에 머무르면, 어느 순간 자신이 만든 사업에 고용된 사업가가 되어버리고 맙니다. 온종일 일하고, 고민하고, 스트레스를 받고 있지만 더 성장하지 못합니다. 저는 여러분이 '사업을 키우는 사람'으로 한 단계 더 나아가길 바라고 있습니다. 이 책에서 제시한 방법들이 그 길로 착실히 안내해줄 것입니다.

효과적으로 보이는 것은 빠르게 적용해보시고, 실수하더라도 실행하고 개선해나가는 작업을 멈추지 마십시오. 매출이 성장한다면, 계속 그렇게 밀고 나가시면 됩니다. 전혀 어렵지 않고, 손해를 볼 것도 없습니다. 성공적인 사업을 키우는 것은 부를 거머쥐기 위한 가장 좋은 수단이 되어줄 뿐 아니라, 인생의 모든 영역에서 당신을 더 강한 사람으로 만들어줄 것입니다.

저는 줄곧 사업만 해왔습니다. 가난이 싫어 시작한 사업에서 '사업을 만드는 사람'에만 오랜 기간 머물러 있기도 했습니다. 그러나 '사업을 키우는 사람'이 된 지금, 저는 그 어느 때보다 풍요롭고 행복한 삶을 매일 마주하고 있습니다.

이제 당신의 여정을 시작할 차례입니다. 그 여정에는 많은 고통과 시련을 감당해야 하는 구간도 있습니다. 그러나 당신이 기억해야 할 한 가지 분명한 사실은, 고통과 시련 끝에는 항상 성장이 있다는 것입니다. 이것을 깨달은 사람들은 모두 최고의 성과를 내는 존재가 되었습니다. 바이너 미디어 Vayner Media를 이끄는 게리 바이너척 Gary Vaynerchuk은 이러한 이유에서 고통과 시련을 '사랑한다'라고까지 표현했습니다.

저는 고통과 시련을 사랑하지는 못하지만, 잘 견디는 편입니다. 넘어지고 일어나기를 반복하면서도 멈추지 않았습니다. 좌절감이 들고 무력감에 빠졌던 날들이 무수히 많았지만, 그 어떤 감정이 들어도 행동만은 멈추지 않았습니다. 금방 타올랐다 꺼져버리는 열정으로 덤빈 것이 아니라, 차가운

끈기로 버텨왔기 때문입니다.

아직 고통과 시련에 익숙하지 않은 분들도 많을 겁니다. 그럴 때 비슷한 길을 가고 있는 동료들을 찾고, 그들로부터 위로와 응원을 받는 것도 큰 도움이 될 수 있습니다. 당신의 여정이 막연하고 불안하게 느껴지신다면, 부담 없이 저를 찾아주세요. 당신의 여정을 응원해줄 수 있는 한 사람이 되어드리겠습니다. 좋은 에너지를 나눌 수 있는 다른 동료들도 만날 수 있습니다.

마지막으로 당신이 헤쳐 나간 여정에서 이 책을 통해 배운 방법이 좋은 영향을 끼쳤다면, 그 모든 이야기를 나눠주세요. 만약 메일로 보내주신다면, 저 역시 당신에게 도움이 될 수 있는 좋은 강의를 '무료로' 선물하겠습니다.

마지막 페이지까지 읽어주셔서 고맙습니다. 이 책을 발판 삼아 당신과의 접점을 만들게 된 것을 진심으로 기쁘게 생각합니다.

당신의 동료를 만나거나 저에게 당신의 이야기를 들려주고 싶으시다면 이곳에서 만나요! 카메라 앱으로 오른쪽의 QR 코드를 스캔하세요.

비즈니스 스테로이드

ⓒ 포리얼(김준영) 2022

초판 1쇄 인쇄 2022년 7월 22일
초판 1쇄 발행 2022년 8월 1일

지은이	김준영
편집인	권민창
책임편집	박지영
디자인	지완
책임마케팅	김성용, 윤호현, 김태환
마케팅	유인철, 문수민
제작	제이오
출판총괄	이기웅
경영지원	김희애, 박혜정, 박하은, 최성민

펴낸곳	㈜바이포엠 스튜디오
펴낸이	유귀선
출판등록	제2020-000145호(2020년 6월 10일)
주소	서울시 강남구 테헤란로 332, 에이치제이타워 20층
이메일	mindset@by4m.co.kr

ISBN	979-11-92579-02-3 (03320)

마인드셋은 ㈜바이포엠 스튜디오의 출판브랜드입니다.